HRBP
全能进阶

思维·模型·实战一本通

韩 晓◎著

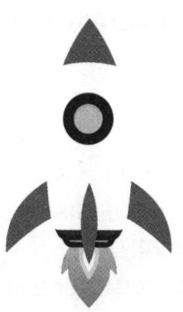

中国铁道出版社有限公司
CHINA RAILWAY PUBLISHING HOUSE CO., LTD.

图书在版编目（CIP）数据

HRBP 全能进阶：思维·模型·实战一本通／韩晓著. 北京：中国铁道出版社有限公司, 2024. 9. -- ISBN 978-7-113-31325-8

Ⅰ. F272.92

中国国家版本馆 CIP 数据核字第 2024GD7561 号

书　名：HRBP 全能进阶：思维·模型·实战一本通
HRBP QUANNENG JINJIE:SIWEI·MOXING·SHIZHAN YI BEN TONG

作　者：韩　晓

责任编辑：巨　凤	编辑部电话：(010)83545974

封面设计：仙　境
责任校对：安海燕
责任印制：赵星辰

出版发行：中国铁道出版社有限公司（100054，北京市西城区右安门西街 8 号）
印　　刷：北京盛通印刷股份有限公司
版　　次：2024 年 9 月第 1 版　2024 年 9 月第 1 次印刷
开　　本：880 mm×1 230 mm 1/32　印张：7.75　字数：173 千
书　　号：ISBN 978-7-113-31325-8
定　　价：69.00 元

版权所有　侵权必究

凡购买铁道版图书，如有印制质量问题，请与本社读者服务部联系调换。电话：(010)51873174
打击盗版举报电话：(010)63549461

推荐序

越真诚，越有力量

2020年是非常难忘的一年，我和这本书的作者韩晓亦是相识于这一年。

我清晰地记得，在初次交流时，他那种不做作、不浮夸的真诚态度给我留下了深刻的印象。他的话语中透露着对生活的热爱和对HRBP（人力资源业务合作伙伴）工作的深刻理解，让我感受到了一种别样的力量。这种力量，不是来自外界的认可或赞许，而是源于内心的自我认同和坚定信念。

在共事了两年之后，我惊讶地发现了他的一项隐藏技能——写作，并很快见证了他第一本书《思维迭代的26个卓越方法》的出版。我身边有很多同事和朋友都在读，而且这本书在当当网上始终保持非常高的好评率。于他而言，这些好评不仅是对书中内容的认可，更是对他真诚态度的赞誉。

今天，我想给大家推荐他的第二本力作《HRBP全能进阶》。这本书是作者在创业公司和互联网公司工作多年后，对HRBP工作的心得和方法论的精华总结。读完试读稿后，我再一次被他的真诚打动。他用朴实无华的语言，构建了HRBP在思维、模型和实战上的三维核心优势框架。其讲解方式清晰且系统，对相关概念进行深入阐释，并贴心地附带了大量真实场景下的实践案例，便于读者朋友们理解、学习和实战。

思维，其定义就是"怎么想"。作为人力资源高管，我要协助CEO帮助企业在行业竞争中脱颖而出，深知思维的重要性。HRBP是否能够与CEO、业务高管认知同频，很大程度上取决于思维认知。不同HRBP之间的价值差异，更是来自思维认知的差异。或许，这也是本书开篇就要写思维的初衷。

模型，其定义就是"怎么解"。优秀的HRBP都是组织诊断和人才盘点的高手，对各种工具和方法论了如指掌。在本书中，作者并没有老生常谈地去讲解诸如六个盒子、杨三角等常用工具，而是重点整理了诸如GAPS、IDAR、Input-Output、TOPIC、KISS等九个非常重要的模型，这些模型能极大提高大家的工作质量。

实践，其定义就是"怎么干"。本书聚焦于HRBP的工作本身，通过构建HRBP最关键的九项能力，结合真实场景下的实践案例，可以帮助大家明确自身能力提升的方向，最终打造出强大的核心优势，实现个人职业价值。

如果让我用一个词来形容本书，我会选择"真诚"。从这本书的写作思路与价值导向中，都能看出作者始终以读者为中心，竭尽所能地输出更多有价值的内容，助力HRBP实现跨越式的成长。

《HRBP全能进阶》不仅是一本关于HRBP专业能力的书籍，更是一本适合所有职场人阅读的能力提升之书。它构建起了一套"思维、模型和实战"的成长体系，能助你实现指数级的飞跃。

最后，我想对作者韩晓说：感谢你的真诚！感谢你用文字赋予我们更多的力量与深刻的启示！愿你的作品能广受欢迎，触动无数读者的内心。同时，也希望我们都能在这个纷繁复杂的世界中，保持那份难得的真诚，勇往直前！

魏 巍

脉脉HRVP

自 序

这是一本能够帮助 HRBP 从思维、模型和实战三个方面构建自己核心优势的认知启蒙书。如果时光可以倒流,我希望自己在 2015 年时就能读到它,那一年我刚刚开始从事 HRBP 工作。

截止到 2024 年,我已经工作了十四年,其中做 HRBP 工作也近十年。期间,我经历了民营企业从两百多人到三千多人的飞速发展,见证了传统 IT 上市公司的互联网转型,感受了互联网+教育行业的风起云涌,以及头部互联网企业从野蛮生长到精细化运营的蜕变。一路走来,我不断地学习和思考,也一直思考一个问题:HRBP 的核心优势究竟是什么?如何才能构建这些核心优势?

解锁这个问题是我写这本书的初衷,也是我作为 HRBP 一直追求的目标。

我来自山东农村,是大家口中的"小镇做题家",从小成绩优异。2014 年,我靠着一股敢拼敢闯的劲儿选择了"北漂"。在人才济济的北京,在豪华的写字楼里面自动自发地"内卷",那是家常便饭。那段时间,我每天都是晚上 11:00 之后才下班,回到出租屋已经是次日零点之后,洗漱后再读会儿书就到了凌晨 01:30,而早晨 07:30 又要起床去挤地铁上班。在北京,像我这样的生活节奏再平常不过,和我一样为生活和梦想打拼的人大有人在,我并不孤单。

身为"北漂"职场人的一员,过去的十年里我赶上了互联网的

· i ·

飞速发展，无论是收入还是专业能力都得到了较大提升，这让我感到非常庆幸。同时，作为一名HRBP，自2022年互联网行业从增量市场转向存量市场，红利逐渐消失后，我也开始面临前所未有的焦虑和压力。相信正在阅读这本书的你，对此一定也感同身受。

正是在这样的背景下，加上我对职场专业能力的执着追求和乐于分享的心态，我一直坚持撰写关于职场通用能力和HRBP专业能力的文章。这些文章不仅提高了身边诸多互联网职场人的认知，帮助他们更新了思维，提升了能力，也让我收获了很多读者朋友，建立并扩大了自己的影响力。更值得庆幸的是，我的第一本书《思维迭代的26个卓越方法》已于2023年6月份出版，并一度登上当当网职场管理类新书榜的首位。

为了帮助互联网HRBP同仁们在工作之余能获得更多启发，我决定撰写这本关于HRBP全能进阶的书。本书从思维、模型和实战三个维度构建了一套框架，详细地阐述了核心优势相关的概念、模型、构建方法和实践案例，以帮助像你我这样的HRBP从业者提升个人竞争力，实现与业务高管、CEO的同频共振，进而提升业务部门或企业的组织能力，为业务目标的达成提供有力保障。

本书共分为三章，分别从思维、模型和实战三个方面为读者呈现极具实践意义的学习内容和案例。这些实践案例的实用性很强，不仅可以作为你未来做HR项目时的"案例库"，还能在遇到类似项目时，提供具体的实践方案，从而启发你更好地完成项目交付，为你的工作提供有力支持。

第1章：思维，起心动念拉开认知差距。

在探索HRBP的角色深化与提升过程中，思维的突破和转变尤为关键。本章将引领HRBP在广阔的思维海洋中遨游，洞察各种思维模式的精髓,并学会如何在实际工作中灵活应用它们。

从商业思维的角度出发,揭示HRBP如何与CEO同频共振,站在企业顶层的高度去审视和思考问题。掌握商业思维,HRBP将更能深入地理解业务背后的逻辑,从而更好地服务于企业的发展。

深入探索战略思维,明白战略不仅仅是高层管理的事情,HRBP同样需要深入理解和把握。掌握战略思维,将使HRBP在人力资源工作中更具前瞻性和针对性。

业务思维是HRBP战略转型的关键。通过构建业务影响力,HRBP将能够更好地推动业务的发展,实现人力资源与业务的无缝对接。

此外,客户思维、产品思维、系统思维、教练思维、模型思维以及批判性思维,这些思维模式都将为HRBP打开新的认知窗口,提供全新的视角和工具。每一种思维都有其独特的价值和应用场景,掌握并灵活运用这些思维,将使HRBP在工作中游刃有余,成为企业不可或缺的战略伙伴。

第2章:模型,系统解耦影响决策效率。

在本章中,将深入探讨各种模型在HRBP工作中的实践与应用。这些模型不仅为HRBP提供了系统解耦和决策效率的工具,更是HRBP在复杂的人力资源环境中开展工作的指南针。

IDAR模型则从结果出发,深入剖析影响结果的认知、决策和行为过程,帮助HRBP从更深层次理解业务问题,提升问题解决能力。

GAPS模型为战略型HRBP的必备工具,可识别和解决组织在目标、现状、方案和计划之间的差距。通过GAPS模型,HRBP能够更加精准地对接企业战略,为组织发展提供有力支持。

Input-Output模型关注资源如何有效转化为成果,为HRBP提供了优化资源配置、提升工作效率的思路和方法。

除此之外,RIDE、FIRST、KISS、TOPIC、PREP 以及 ORID 模型为 HRBP 提供一系列实用且易操作的模型工具。掌握并灵活运用这些模型和工具,将帮助 HRBP 在人力资源工作中更加游刃有余,轻松应对各种挑战。

第 3 章:实战,底层方法提升工作价值。

在本章中,将深入探讨 HRBP 所需的核心能力,并揭示这些能力如何成为提升工作价值的底层方法。

高效学习力、深度倾听力、卓越执行力、有效提问力、数据分析能力以及框架构建力,共同构成了一套全面的能力提升方案。

关系处理能力是 HRBP 洞悉人性、理解人心的超级软实力。在处理员工关系时,HRBP 需要运用各种技巧和方法,化解矛盾进而促进和谐,从而营造积极向上的工作氛围。

项目管理能力是 HRBP 进行项目管理、提高整体工作质量的重要保障。具备项目管理能力的 HRBP 能够合理规划项目进度,协调各方资源,确保项目的顺利实施和高质量完成。

系统方案能力则帮助 HRBP 在解决复杂问题时更加游刃有余。通过搭建专业的框架和制订系统的方案,HRBP 能够全面、深入地解决问题,提升工作效果和价值。

通过学习和实践这些根本方法,HRBP 将能够在人力资源工作中发挥更大的作用,为企业创造更多的价值。

我给自己定了一个写作原则,即只写对 HRBP 有帮助的文字,打造一本能够作为 HRBP 工作的参考书。为了写好这本书,我给自己定了三个目标,这也是本书最大的价值点:

第一,构建认知启蒙框架。结合近十年来 HRBP 的工作经验,

自　序

以及与多位 HRBP 高管、业务高管的交流，构建核心优势模式，重塑 HRBP 面对工作时"怎么想、怎么解、怎么干"的认知。

第二，以真实场景案例为支撑。如果只有理论而没有真实工作场景下的案例支撑，读者就无法真切地感受到这些思维、模型和能力在实际应用中的有效性，这本书的指导意义也会大打折扣。

第三，注意易读易学与快速实践。这也是本书最大的价值点。本书基于我的真实经历、思考与总结，采用浅显易懂的文字进行表达，并配以大量的案例和图表，帮助读者轻松学习、掌握并运用所学内容。

关于这本书，我有一个愿望：希望所有渴望成为 HRBP、已在 HRBP 领域深耕多年并持续学习进步，以及致力于实现自我突破的 HRBP 同仁们都能阅读到这本书，并从中汲取灵感。

感谢您的信任，祝愿您心怀希望，勇往直前，每一步都朝着梦想的彼岸迈进。

韩　晓

2024 年 6 月

目 录

第1章 思维，起心动念拉开认知差距 / 1

1.1 商业思维：HRBP 与 CEO 同频共振的顶层思维 / 1
    1.1.1 商业思维，究竟是什么"魔法" / 2
    1.1.2 HRBP 也能玩转商业思维？揭秘小技巧 / 5
    1.1.3 商业思维大显身手！那些令人眼前一亮的案例 / 7

1.2 战略思维：深入战略，才能真正与管理层同频共振 / 9
    1.2.1 战略，这词儿咋解释 / 10
    1.2.2 战略思维是怎么一回事呢 / 11
    1.2.3 学几招轻松获得战略思维 / 12

1.3 业务思维：HRBP 的战略转型与业务影响力构建 / 15
    1.3.1 业务思维是怎么回事呢 / 15
    1.3.2 HRBP 如何玩转业务思维 / 17
    1.3.3 学习案例让你秒懂业务思维 / 21

1.4 客户思维：以客户为中心是人力资源优化的动力 / 22
    1.4.1 客户思维为何如此重要 / 23
    1.4.2 HRBP 项目的灵感，来源于对客户的洞察 / 23
    1.4.3 客户思维与组织能力：如何携手共创成功 / 26

1.5 产品思维:从职能服务到"产品经理"是 HRBP 的高级
    迭代 / 28
  1.5.1 产品思维,轻松感受它的魅力 / 28
  1.5.2 揭秘 HRBP 产品思维的培养之道 / 30
  1.5.3 在 HRBP 工作中应用产品思维的实践案例——设计
        并实施一项员工职业发展计划 / 32
1.6 系统思维:从碎片到整体,智解复杂问题的关键 / 34
  1.6.1 系统思维,带你一探究竟 / 35
  1.6.2 系统思维大揭秘:这样用效果翻倍 / 36
  1.6.3 系统思维的具体应用案例——优化员工激励
        机制 / 38
1.7 教练思维:激发组织内在潜力和创造力的催化剂 / 40
  1.7.1 教练思维,让我们一起来看看 / 41
  1.7.2 如何让教练思维助你一臂之力 / 44
  1.7.3 教练思维,这些场景你一定用得上 / 48
1.8 模型思维:在复杂问题中寻找简约解决方案的利器 / 49
  1.8.1 模型思维,解锁问题新视角 / 50
  1.8.2 小心!模型思维里也有"坑" / 51
  1.8.3 模型思维的具体应用案例——培训效果评估
        模型 / 52
1.9 批判性思维:HRBP 理性审视和独立思考的内核 / 54
  1.9.1 批判性思维,让你看待问题更犀利 / 54
  1.9.2 批判性思维怎么用?这里教你几招 / 55
  1.9.3 批判性思维的具体应用案例——处理员工绩效
        问题 / 58

第 2 章　模型，系统解耦影响决策效率　/ 61

2.1　IDAR 模型：从结果到认知的深层次透视　/ 61

2.1.1　解读 IDAR 模型：洞察问题本质的钥匙　/ 61

2.1.2　实战 IDAR 模型：找到最适合的应用场景　/ 63

2.1.3　IDAR 模型的应用案例——诊断员工绩效低下问题　/ 66

2.2　RIDE 模型：高效说服对方　/ 69

2.2.1　解读 RIDE 模型：说话的艺术　/ 69

2.2.2　RIDE 模型实战：哪些场合它能大显身手　/ 71

2.2.3　RIDE 模型的应用案例——与公司决策层沟通　/ 74

2.3　FIRST 模型：解锁反馈式辅导的潜力与价值　/ 77

2.3.1　FIRST 模型：了解它，让你的辅导更高效　/ 77

2.3.2　FIRST 模型实战：哪些场景最适合应用　/ 79

2.3.3　FIRST 模型的应用案例——员工绩效反馈　/ 83

2.4　KISS 模型：让你的复盘更接地气　/ 85

2.4.1　解读 KISS 模型　/ 85

2.4.2　KISS 模型实战：哪些场景最适合使用　/ 93

2.4.3　KISS 模型的应用案例——电商市场营销活动复盘　/ 95

2.5　GAPS 模型：成为战略型 HRBP 的必备模型　/ 98

2.5.1　揭秘 GAPS 模型　/ 98

2.5.2　GAPS 模型怎么用　/ 100

2.5.3　GAPS 模型的应用案例——解决关键岗位流失问题　/ 105

2.6　TOPIC 模型：赋能管理者提升领导力的利器　/ 108

2.6.1 走进 TOPIC 模型:这个模型有什么不同之处 / 109

2.6.2 TOPIC 模型适合哪些场景 / 110

2.6.3 TOPIC 模型的应用案例——赋能团队管理者提高领导力 / 114

2.7 Input-Output 模型:资源转化成果的智能引擎 / 116

2.7.1 探秘 Input-Output 模型:资源如何转化为成果 / 117

2.7.2 Input-Output 模型的适用场景与策略 / 118

2.7.3 Input-Output 模型的应用案例——诊断销售项目问题并推动落地 / 120

2.8 PREP 模型:从混乱到有序的沟通之道 / 123

2.8.1 PREP 模型大揭秘 / 123

2.8.2 PREP 模型:哪些场合它最适合 / 125

2.8.3 PREP 模型的应用案例——推动组织架构调整以达成业务目标 / 127

2.9 ORID 模型,高效能管理的秘密武器 / 130

2.9.1 走进 ORID 模型 / 130

2.9.2 ORID 模型应用的场景 / 132

2.9.3 ORID 模型的应用案例——解决互联网公司领导力问题 / 134

第3章 实战,底层方法提升工作价值 / 137

3.1 高效学习力:HRBP 最核心的竞争力,就是学习力 / 137

3.1.1 打造高效学习力的框架 / 138

3.1.2 HRBP 高效学习秘籍:路径与实战案例揭秘 / 139

3.2 深度倾听力:快速建立同理心,听懂对方话外音 / 150

3.2.1 深度倾听:你真的"听"懂了吗 / 150

目录

3.2.2 如何修炼深度倾听的"内功" / 152
3.2.3 深度倾听的魅力:实战案例分享 / 155

3.3 卓越执行力:执行力,拿到高绩效的关键基础 / 159
3.3.1 卓越执行力:不只是完成任务那么简单 / 160
3.3.2 HRBP 的执行力提升秘籍:策略大揭秘 / 161

3.4 有效提问力:好问题,引发对方的深度觉察 / 169
3.4.1 你真的会提问吗 / 169
3.4.2 HRBP 提问力提升术:从此问出深度 / 171
3.4.3 优秀问题的标准与实例分享 / 174

3.5 关系处理能力:知人性懂人心的超级软实力 / 176
3.5.1 关系处理能力,不只是人际交往那么简单 / 176
3.5.2 HRBP 如何提高关系处理能力 / 178

3.6 数据分析能力:洞悉冰冷数据背后的秘密 / 182
3.6.1 数据分析入门:看懂数字的语言 / 182
3.6.2 解锁数据神器:掌握分析工具与技术 / 184
3.6.3 数据分析案例——趋势分析在员工流失率中的应用 / 186

3.7 项目管理能力:统筹项目管理,提高闭环质量 / 189
3.7.1 项目管理能力到底是什么 / 189
3.7.2 HRBP 如何将项目管理做到游刃有余 / 191
3.7.3 HRBP 项目方案——员工胜任力模型建立项目管理方案 / 199

3.8 框架构建能力:巧用专业框架,丰富逻辑体系 / 202
3.8.1 框架构建能力是构建逻辑思路的基石 / 203
3.8.2 HRBP 如何搭建自己的逻辑"高楼" / 204

3.9 系统方案能力:从点、线到面的问题解决能力 /211

    3.9.1 系统方案能力:全面布局的智慧 /212

    3.9.2 HRBP如何锻造系统方案能力 /213

    3.9.3 优异系统方案案例——关于提高员工绩效产出的系统性解决方案 /216

附 录 HRBP思维模型常用模板推荐 /219

第1章
思维，起心动念拉开认知差距

1.1 商业思维：HRBP与CEO同频共振的顶层思维

有时HRBP与CEO会存在思维不同频的情况,而且这种现象已经存在很长时间了！

通常,HRBP会抱怨CEO不懂人力资源管理,CEO会抱怨HRBP不懂商业和经营。两者本应相辅相成,很多时候却演变成了相互不理解的状态。

为何会产生如此之大的罅隙呢？我们从CEO和HRBP各自最关心的商业思维角度来分析,如下表：

HRBP的关注点	CEO的关注点	差异点
HRBP会更加注重员工的福利、工作环境和企业文化等方面的建设,可能会忽略企业的盈利能力和市场竞争力的提升	CEO更加注重企业的盈利能力和市场竞争力,因此在某些问题上可能会更加偏向于追求短期利益和高效率	商业思维强调的是企业盈利能力,而HRBP的主要职责是管理人力资源以支持企业的发展
HRBP会更加注重员工的素质和能力提升,而忽略了市场需求和竞争情况的变化	CEO更加注重市场营销和销售策略的制订和执行,因此在某些问题上可能会更加偏向于追求市场份额和销售额的增长	商业思维强调的是市场营销和销售策略,而HRBP则更注重员工招聘、培训和管理等方面

续上表

HRBP 的关注点	CEO 的关注点	差 异 点
HRBP 会更加注重员工的稳定性和安全感,而忽略了企业的创新和发展	CEO 更加注重企业的创新和变革,因此在某些问题上可能会更加偏向于推动企业的创新和发展	商业思维强调的是创新和变革,而 HRBP 则更注重稳定和规范的管理

商业思维,是 HRBP 实现与 CEO 认知同频的关键点。HRBP 作为业务伙伴,如果能够掌握商业思维,对于企业组织建设、人才梯队构建等方面都大有裨益,对于自身成长和价值产出同样意义非凡。

HRBP 要掌握商业思维,就要从商业、商业思维以及具体的学习和应用来逐步展开学习。

1.1.1 商业思维,究竟是什么"魔法"

商业是指以盈利为目的的一系列商业活动和特定的商业模式。商业活动包括生产、销售、营销、采购、供应链管理等各个方面,旨在满足消费者的需求并创造价值。商业模式则是商业活动的基础,描述了企业如何创造价值、如何提供产品或服务以及如何与客户进行有效互动。

商业的核心是创造价值。企业通过提供有价值的产品或服务来满足消费者的需求,从而获得收益。同时,商业运作还需要兼顾成本和效率,以确保企业的盈利能力和长期发展。

商业思维则是指从商业的角度出发去看待问题和解决问题的思维方式。它强调的是创造价值、实现盈利和提高效率,是企业成功的关键之一。

如果将商业思维进一步解构,可以包括以下四个方面的内容:

1. 客户导向

客户导向是强调企业应该以客户需求和满意度为中心来设计和提供产品和服务的思维方式。它要求企业从客户的角度出发,深入了解客户的需求、期望和行为,旨在提供符合客户期望甚至超越客户期望的产品和服务。

为实现客户导向,企业可以通过市场调研、客户调查、焦点小组讨论等方式来了解客户的需求和期望。与客户建立长期的关系,也能帮助企业更好地了解客户反馈和需求,并及时做出相应的调整和改进。

在客户导向的指引下,企业应该更加注重产品和服务的定制化。根据客户的具体需求进行开发和改善,以提高客户的满意度和忠诚度。此外,企业还可以通过提供卓越的客户服务,如及时的售后服务、专业的咨询服务等,来提高客户的满意度和忠诚度。

2. 竞争优势

竞争优势是指企业通过不断创新和提高效率等方式,在市场上获得的有利地位和优势。它能帮助企业在激烈的市场竞争中脱颖而出,吸引更多的客户和资源,从而实现长期的发展和成功。

为获得竞争优势,企业可以不断创新,如产品创新、服务创新、商业模式创新等,以推出更具吸引力和竞争力的产品和服务,赢得更多的客户和市场。同时,提高效率能降低成本、提高生产效率和产品质量,从而增强市场竞争力。

为了获得竞争优势,企业需要采取一系列的策略和措施。例如,投入大量资源进行研发、优化自身的业务流程和管理体系,扩大市场份额、提高客户满意度、建立品牌声誉等。

在获得竞争优势后,企业还需不断创新,提高产品的质量和性能,以适应客户不断变化的需求和市场趋势。同时,降低成本并保持高效运营,以巩固市场地位。

3. 价值创造

价值创造强调企业通过提供有价值的产品和服务来满足客户需求,进而实现盈利目标。其核心在于,企业的成功依赖于创造并得到客户认可的价值。

在价值创造的指导下,企业需要不断创新和改进产品和服务,以适应客户需求和市场的变化。这包括提高产品质量、优化客户服务和提供增值服务等。同时,审视商业模式以确保其能创造价值并获得足够的回报也至关重要。

为实现价值创造,企业可采取市场调研、客户分析、改进产品与服务、优化销售渠道与营销策略以及加强与客户的沟通和互动等策略。

价值创造要求企业具备全局思维和创新精神,综合考虑战略目标、产品与服务、组织文化及市场行业变化,以持续创新和创造价值。同时,出色的领导与管理能力对推动价值创造过程的实施至关重要。

4. 风险管理

风险管理关乎企业的稳健发展和长远利益,它是对企业面临的市场、政策、技术等风险进行有效管理和控制的过程。

在进行风险管理时,企业首先需要识别和评估各种潜在的风险,可通过市场调研、政策分析和技术趋势预测等方式实现。之后,要评估这些风险的可能性和影响,以制订相应的管理策略和控制措施。

针对不同风险,企业需要制订不同的风险管理策略,如对于市场风险,可进行市场预测和分析,制订灵活的市场策略和营销计划。对于政策风险,应加强与政府沟通,了解政策走向,以便调整经营策略。对于技术风险,要加强研发和创新,以降低技术更新带来的风险。

此外,企业还需建立完善的风险控制机制,如建立风险管理制度和流程,制订相应的风险控制措施和应对预案。同时,可利用现代信息技术建立风险预警和监控系统,实时监测和预警风险,以便及时应对。

1.1.2 HRBP也能玩转商业思维? 揭秘小技巧

HRBP要掌握商业思维,可以从以下三个方面入手:

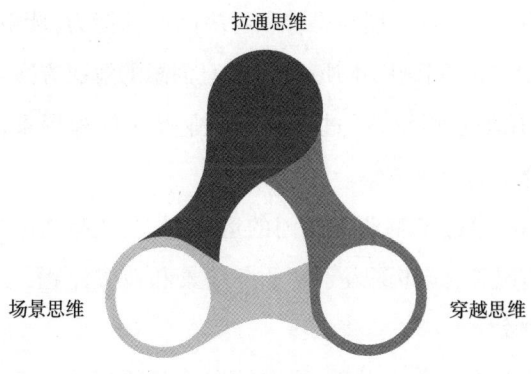

（1）运用拉通思维,从时间、空间和深度等多个维度出发,HRBP应能够主动根据客户需求,以满足业务部门个性化、多样化的需求为服务目标。

①从时间的角度来看,HRBP需密切关注当前的需求并预测业务部门未来的发展趋势,以便能够快速响应变化。

②从空间的角度来看,HRBP需要与其他部门保持紧密合作,建立良好的工作关系,以便更好地理解业务部门的需求和痛点,从而提供更加有针对性的解决方案。

③从深度的角度来看,HRBP需要深入剖析业务流程和具体场景,以便为业务部门提供最合适的解决方案。

（2）运用穿越思维,HRBP需从业务视角出发,理解业务的需求和痛点,并提供具有实际意义的解决方案。

①HRBP深入了解业务的运营方式、商业模式和市场动态等,以便能够准确把握业务的痛点和需求。

②HRBP需要具备扎实的专业知识和技能,以便能够与业务部门展开高效的沟通和协作,并提供有价值的建议和解决方案。

③HRBP需要具备创新思维和解决问题的能力,能够从业务视角出发,深入剖析问题的本质,提出富有创意的解决方案。

（3）运用场景思维,通过深入了解业务流程和场景,为业务部门提供最合适的解决方案。

①HRBP通过了解业务部门的运作方式、产品或服务的特点、市场竞争情况等,能够深入了解业务场景和业务流程,以提供最合适的解决方案。

②HRBP通过换位思考,能够站在业务部门的角度考虑问题,

理解他们的需求和痛点,并提供符合他们期望和要求的解决方案。

③HRBP通过快速响应,针对业务部门的需求和痛点,快速制订解决方案并付诸实施。

④HRBP通过持续改进,根据业务部门的需求变化和市场变化,不断调整和优化解决方案,以保持最佳的实践效果。

1.1.3 商业思维大显身手！那些令人眼前一亮的案例

围绕商业思维的客户导向、竞争优势、价值创造和风险管理四个方面,我们来看三个发生在互联网公司的具体案例。

案例一:基于客户导向的商业思维

A公司作为中国电商领域的巨头之一,客户满意度一直是其非常重视的指标。然而最近一段时间,A公司的客户满意度却逐渐下滑。通过对客户的反馈和数据进行分析,发现主要原因是物流配送时间延长,导致客户体验下降。为了解决这个问题,公司决定采取一系列改善措施。

HRBP小彰在业务会议上获悉公司决定投资建设智能化物流中心,通过引入人工智能和机器人技术来提升物流配送效率,从而缩短物流配送时间。同时还计划推出"无人快递车"等服务来提高配送效率,减轻快递员的工作负担,同时也为客户提供更为便捷的服务。

小彰既是这家公司的员工,同时也是消费者,深知作为一个用户对于配送效率的高度关注。加之自己掌握的业务信息,小彰敏锐地预测到公司未来将在人工智能、无人车研发等领域加大投入,于是他提前绘制了多家人工智能、无人配送企业的人才地图,物色到多位技术领军人物,并为相关业务负责人撰写了详细的人才挖掘方案。

凭借客户导向的商业思维以及对业务的敏锐洞察力,小彰前瞻性地捕捉到业务未来的发展方向,提前完成了人才储备工作。

案例二:基于竞争优势的商业思维

近年来,中国的互联网行业呈现出高度竞争的态势,B公司作为一家综合性生活服务平台,面临着来自竞争对手的激烈竞争。为了在市场中立于不败之地,B公司需要通过提高自身的竞争优势来应对挑战。

在应对竞争对手的策略上,公司意识到其强大的大数据和技术能力将成为自身独特的竞争优势,于是开发了智能推荐系统。该系统基于用户的历史订单和浏览记录,为其推荐个性化的各种商品。这一举措使得B公司在市场上脱颖而出,增加了用户黏性,提高了盈利能力。

但随着竞争对手在智能推荐系统上的不断升级,B公司的竞争优势在逐渐减弱。在一次业务讨论会议上,业务总监提出:"智能推荐系统给用户推荐更多商品的基础,是平台上有充足的、更多的相关品类可以推荐,这样才能保持竞争优势。"仅仅是这样一句话,使得对业务极其敏感的HRBP小李瞬间捕捉到一个业务信号和一个组织信号。业务信号是业务部门接下来会在新签品牌上发力,确保平台上有持续的商铺供给。组织信号是基于这样的业务调整之后配套的绩效管理方案、人才培养方案是否完备。

小李基于竞争优势的商业思维以及敏锐的业务嗅觉,让其系统地思考为保持业务竞争优势的组织保障方案。

案例三：基于风险管理的商业思维

C公司是全球最大的电子商务公司之一，它面临着巨大的业务风险，如用户信息泄露、网络交易欺诈和假货等问题。为了保障用户和平台的利益，C公司采取了一系列措施来降低这些风险。

首先，公司着重加强了用户信息保护。通过采用更加严格的隐私政策，确保用户个人信息的安全。其次，提高平台交易安全。通过采用先进的交易风险识别和预防机制，能够及时发现并有效防止网络交易欺诈行为的发生。第三，公司积极打击假货。通过与品牌商合作，加强知识产权保护，有效减少了假货在平台上的流通和销售。

业务部门的HRBP小王深知假货对消费者的危害以及背后可能隐藏的贪腐问题。于是小王在和业务负责人、合规部门等相关负责人沟通后，就在部门内着手建立《廉洁管理机制》，试图通过建立廉洁机制、文化宣导等方式普及公司对于贪腐、高压线等方面的标准，防微杜渐，将可能存在的贪腐问题扼杀在摇篮里。

通过一系列的自查自纠、廉洁监察、廉洁文化宣导等措施，业务部门内部的廉洁文化氛围日益浓厚，部门的管理风险也在逐渐降低。

1.2　战略思维：深入战略，才能真正与管理层同频共振

战略思维是一种独特的视角和方法论，能够让HRBP更好地理解企业的战略目标和决策思路，从而更好地为组织提供前瞻性和系统性的人力资源解决方案。

第一,在企业的组织架构中,HRBP 常常需要扮演关键的角色,既要对 CEO 和高层领导负责,又要与各个部门紧密合作。通过战略思维,HRBP 可以更好地理解企业的整体战略目标,明确自身在实现这些目标中的角色和责任,从而更好地为组织提供有效的人力资源支持。

第二,HRBP 需要与其他部门建立良好的合作关系,共同为实现企业的战略目标而努力。通过战略思维,HRBP 可以更好地理解其他部门的业务需求和目标,找到共同点,建立合作机制,实现资源共享和优势互补,共同推动企业战略的实施。

第三,HRBP 需要关注员工的职业发展和福利,为企业培养高素质的人才。通过战略思维,HRBP 可以更好地理解企业的战略目标和员工发展的关系,制定针对性的人力资源政策,帮助员工实现个人职业规划的目标,提升企业的整体人才素质。

1.2.1 战略,这词儿咋解释

战略是一种指导企业决策和行动的框架,能够帮助企业明确自身的定位和竞争优势,发现市场机会,优化资源配置,提高组织效率和市场竞争力。战略还可以帮助企业应对市场变化和不确定性,降低风险,实现可持续发展。

一个好的战略应该具备清晰的目标、科学的分析、创新的方案和有效的执行。它需要综合考虑企业的内部条件和外部环境,结合市场情况和竞争对手的动态,制订出具有可行性和可操作性的方案。同时,战略也需要不断地调整和完善,以适应市场的变化和企业的发展需求。

1.2.2 战略思维是怎么一回事呢

战略思维,是一种高级的思维形式,核心在于从全局高度把握客观事物,注重分析事物的整体性、系统性、动态性和开放性。它要求管理者摆脱局部和短视的思维模式,从长远和全局的角度出发,把握事物的本质和规律,制订出符合企业实际情况和未来发展趋势的战略方案。

战略思维具备以下六个方面的特征:

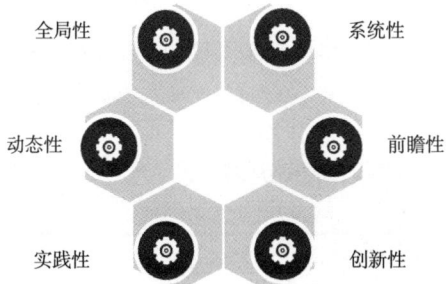

(1)全局性:战略思维是从全局高度把握客观事物的高级思维形式,要求管理者从长远和全局的角度出发,把握事物的本质和规律,制订出符合企业实际情况和未来发展趋势的战略方案。

(2)系统性:战略思维要求管理者从整体出发,把握好全局与局部、重点与一般、当前与长远等各个方面的关系,形成一个完整的问题解决思路和方案。

(3)前瞻性:战略思维要求管理者具有敏锐的洞察力和判断力,能够预测未来发展趋势和变化。

(4)创新性:战略思维要求管理者摆脱常规思维模式,能够提出新的思路和创新性的解决方案,应对复杂多变的市场环境和竞争态势。

（5）实践性：战略思维不仅仅是一种理论思考，更是一种实践行为，它要求管理者根据实际情况和需求，制订出具有可行性和可操作性的战略方案。

（6）动态性：战略思维要求管理者根据实际情况和需求，不断调整和完善战略方案，以适应市场的变化和企业的发展需求。

是否具备战略思维，会有什么差异呢？具备战略思维的人能够在复杂多变的环境中，系统、深入地分析问题，清晰地看到问题的本质和规律，把握住问题的核心和关键。没有战略思维的人往往缺乏系统思考的能力，无法把握问题的核心和关键，容易陷入短视、狭隘、片面、僵化的思维模式，难以应对复杂多变的环境和挑战。

1.2.3 学几招轻松获得战略思维

1. 从全局性入手

在战略规划会议中，HRBP可以与其他部门的管理者一起讨论企业的战略目标，了解各个部门在战略中的角色和职责。HRBP还可以与战略部门密切合作，共同分析企业的内外部环境、竞争态势和未来发展趋势，提出符合企业战略需求的人力资源解决方案。

此外，HRBP通过定期与战略部门沟通，还可以了解企业战略的最新动态和调整，及时调整和优化人力资源策略，确保与企业的战略目标保持一致。

2. 从系统性入手

通过学习系统思考的方法，HRBP可以采用SWOT分析、PEST分析等工具，对企业内外部环境进行全面分析，从而更好地理解企业的整体情况和面临的挑战。

除了进行全面分析外,HRBP还需要与其他部门合作,共同分析企业面临的问题和挑战,制订综合性的解决方案。

在制订综合性解决方案的过程中,HRBP可以灵活运用多种方法,例如头脑风暴、焦点小组讨论、案例分析等,与各部门共同探讨并找出问题的最佳解决方案。

3. 从前瞻性入手

首先,HRBP可以通过定期阅读行业报告、参加行业研讨会、与行业专家交流等方式,了解行业的发展趋势和市场变化。

其次,HRBP可以通过了解竞争对手的情况,包括其产品、营销策略、人才招聘等方面,为企业制订更为精准的竞争策略提供参考。

再次,HRBP需要了解新技术对人力资源管理的影响,例如人工智能、大数据等技术的应用,以及其对人才招聘、培训和发展等方面的影响。同时,HRBP还需要关注人才市场的变化,了解人才供求情况、薪酬水平等,为企业制订更为精准的人才策略提供支持。

在预测未来发展趋势的过程中,HRBP可以采用未来情景规划等方法。

4. 从创新性入手

首先,HRBP可以了解其他部门的业务和需求,以发现新的合作机会和创新点。

其次,HRBP可以借鉴其他领域的创新思维和方法,例如设计思维、创新解码等方法。设计思维可以帮助HRBP从用户的角度出发,深入理解用户需求和痛点,从而提出更为符合用户需求的解决方案。创新解码则可以帮助HRBP将复杂的创新问题分解成可操作的步骤和要素，从而设计出更具可行性的创新方案。

同时，HRBP 还需要具备灵活性和开放性的思维，能够接受和借鉴不同的观点和创新思路，不断优化和完善解决方案。

5. 从实践性入手

HRBP 可以参与企业的人力资源优化项目、组织结构调整等实际工作。在这些项目中，HRBP 可以将战略思维应用到实际工作中，例如通过 SWOT 分析、PEST 分析等工具，对企业的内外部环境进行全面分析，明确企业的优势和劣势、机会和威胁，为企业的战略决策提供依据。同时，HRBP 还可以通过参与项目的实施，了解项目的执行过程和遇到的问题，提出相应的解决方案，不断提升自己的实践能力。

在实践过程中，HRBP 还需要不断总结和反思自己的实践经验。通过总结实践经验，HRBP 可以了解自己的实践能力和不足之处，明确自己的职业发展方向和提升空间。同时，HRBP 还可以将自己的实践经验反馈到战略思维中，不断完善和调整自己的战略思考，提高自己的战略思维能力。

6. 从动态性入手

在动态性方面，HRBP 可以采用 PDCA 循环、敏捷管理等方法来调整和优化人力资源战略。PDCA 循环是一种常用的质量管理方法，包括计划（plan）、执行（do）、检查（check）和行动（act）四个阶段。敏捷管理则是一种灵活的管理方法，能够快速响应市场的变化和企业的需求，HRBP 可以运用敏捷管理的方法，灵活调整和优化人力资源战略，以适应市场的变化和企业的发展需求。

1.3 业务思维：HRBP 的战略转型与业务影响力构建

业务思维是一种能力，能够帮助 HRBP 将人力资源视为一种战略性资产，而不仅仅是一种管理成本。它包括对业务战略制订的理解，对市场动态的敏感以及对组织能力的深入认识。

HRBP 需要运用业务思维来推动组织的发展，帮助公司实现其战略目标。他们需要理解业务环境，能够分析数据，识别市场趋势，并利用这些信息来制订人力资源策略。此外，HRBP 还需要具备强烈的同理心，能够理解员工的需求，激发员工的潜力，并将这些因素整合到公司的发展战略中。

1.3.1 业务思维是怎么回事呢

业务思维是一种以业务目标为导向的商业思维方式。它强调从业务的角度去理解和解决问题。这种思维方式不仅要求 HRBP 了解业务流程和规则，还要深入理解业务的目标和价值，以及 HRBP 的工作如何直接或间接地影响这些目标和价值。

下面，我们通过一张表来对比具备业务思维与否的不同：

不具备业务思维	具备业务思维
在这种情况下，HRBP 可能会陷入日常的 HR 工作中，例如招聘、薪酬、福利、员工关系等，而忽略了业务的目标和需求。他们可能会缺乏对业务目标的理解，导致他们的 HR 工作与业务目标脱节	HRBP 会将业务目标作为工作的核心和出发点，紧密联系业务部门，了解业务部门的需求和问题，从而更好地支持业务部门的工作

续上表

不具备业务思维	具备业务思维
如果HRBP缺乏业务思维,他们就难以理解业务的问题和需求,从而难以提供符合业务需要的解决方案。例如,如果HRBP不了解市场和竞争对手情况,他们就难以提供有效的市场策略;如果HRBP不了解产品开发流程,他们就难以提供支持产品开发的解决方案	HRBP具备业务思维,能够更好地理解业务的问题和需求,从而提供更符合业务需要的解决方案
如果HRBP对市场和竞争对手了解不足,就难以制订出有效的策略。他们可能会做出错误的决策,例如招聘太多或太少的人员,或者提供不合适的培训计划等	HRBP了解市场和竞争对手的情况,能够制订出更有效的策略,帮助组织在市场竞争中取得优势
如果HRBP缺乏业务意识,他们就难以理解业务部门的需求和问题,从而难以与业务部门进行有效沟通和合作	HRBP具备业务意识,能够更好地理解业务部门的需求和问题,从而与其进行更有效的沟通和合作
如果HRBP缺乏业务洞察力,他们就难以发现和解决问题。例如,如果HRBP不了解业务的数据和分析,他们就难以发现问题;如果HRBP不了解业务的流程和结构,他们就难以解决问题	HRBP具备业务洞察力,能够及时发现和解决问题,帮助组织及时纠正错误和调整策略
如果HRBP缺乏业务思维,他们就容易陷入被动的工作状态,仅仅按照上级的指令行事,而不会主动地思考和创新	HRBP具备业务思维,能够更主动地思考和创新,提出符合业务需要的建议和方案
如果HRBP缺乏业务思维,他们就难以在组织中发挥更大的价值。他们可能会被视为仅仅是执行者,而不是战略合作伙伴	HRBP具备业务思维,能够成为组织中的战略合作伙伴,为组织创造更多竞争优势

1.3.2　HRBP 如何玩转业务思维

1. 了解业务流程和规则

业务流程是指一组相互关联的活动和决策，它们是为了实现某种特定的业务目标而设定的。这些活动和决策通常跨越不同的部门和职能，需要不同的人员和资源来执行。而业务规则是指对业务流程中的活动和决策进行规范和约束的准则和规定。

HRBP 想要高效地了解业务流程和规则，其实并不难。只要 HRBP 行动起来，都会找到适合自己的方法和途径。结合我自己多年的学习成长经验，我总结了四种最有效的方法：找到关键人员并建立联系、查阅相关文档和资料、观察和实际操作、制订问题清单并寻求答案。

（1）找到关键人员并建立联系：

HRBP 可以拜访业务部门中熟悉业务流程和规则的关键人员，例如部门经理、流程负责人或资深员工等，并与他们建立良好的联系。这些关键人员通常具有深入的业务知识和经验，可以提供关于业务流程和规则的意见和建议。

建立联系后，HRBP 可以与这些关键人员定期交流，讨论业务部门的最新动态、挑战和需求。通过这种方式，HRBP 可以更好地了解业务部门的运作方式，并获得关于业务流程和规则的深入见解。

（2）查阅相关文档和资料：

HRBP 可以查阅业务部门的相关文档和资料，例如操作手册、流程图、数据报告等。这些资料通常会详细描述业务流程和规则，帮助 HRBP 快速了解业务运作的方式。

HRBP 可以查阅历史数据报告等资料，了解业务部门的业绩趋势和问题点。通过分析这些资料，HRBP 可以更好地理解业务运作的方式和规则。

（3）观察和实际操作：

HRBP 可以通过观察和实际操作来了解业务流程和规则。通过这种方式，HRBP 可以更直观地了解业务运作的方式，并更好地理解业务规则在实际操作中的应用。

例如，HRBP 可以观察招聘流程的实际操作，了解招聘广告的发布、简历筛选、面试和评估等环节的具体操作要求；还可以观察决策会议的实际操作，了解业务决策的制订过程和考虑因素。通过观察和实际操作，HRBP 可以更好地理解业务流程和规则，并提供更符合业务需求的人力资源解决方案。

（4）制订问题清单并寻求答案：

HRBP 可以制订一个问题清单，列出关于业务流程和规则的疑问和困惑。然后，向业务部门的关键人员或其他专业人士请教寻求答案。通过这种方式，HRBP 可以快速解决疑问，并更好地理解业务流程和规则。

例如，HRBP 可能会对某些具体的流程产生疑问，如报销流程、审批流程等。他们可以列出这些问题，并向业务部门的关键人员或其他专业人士寻求解答。通过制订问题清单并寻求答案，HRBP 可以更全面地了解业务流程和规则，并提供更有效的支持和解决方案。

2. 理解业务目标和价值

业务目标是指企业或组织在特定时期内所追求的具体业务成果和发展方向,这些目标通常可以通过可衡量的具体指标或目标值来体现。例如,一家零售企业的业务目标可能是提高销售额、增加客户数量或提升客户满意度等。

业务价值则是指企业或组织的产品或服务能够为客户创造的价值,这种价值常常通过客户对产品或服务的满意度、忠诚度和口碑等方面来体现。例如,一家快递公司的业务价值可能体现在其提供的快速、可靠、安全的服务上,因为这些服务特点可以为客户创造价值。

业务目标和业务价值是相互关联的,企业或组织需要通过实现业务目标来创造业务价值,而业务价值的实现也需要以具体的业务目标为指导。在制订和实施业务战略时,企业或组织必须综合考虑这两者的关系,以确保能够实现长期的发展和成功。

HRBP只有深入理解业务目标和业务价值,才能确保人力资源战略与组织战略的高度一致。这是因为,只有当人力资源策略与组织战略方向一致时,组织绩效才能得到最大限度的提升,从而推动业务目标的实现。此外,当HRBP了解业务目标后,可以更加明确地解读和设定人力资源相关的KPI,进一步量化人力资源工作的效果。

HRBP想要高效地理解业务目标和业务意义,可以采取以下四种方法,并在这些方法的基础上不断深化和扩展。

(1)与业务部门密切沟通:

HRBP可以通过与业务部门的人员进行高效的沟通,了解他们的工作方式、目标、挑战和需求。这种方法可以帮助HRBP更好地理解业务目标和业务价值,从而更好地支持业务部门的工作。为了

实现高效的沟通,HRBP可以采取以下措施:

安排定期会议:HRBP可以与业务部门的负责人或关键成员定期召开会议,讨论业务目标和业务价值,以及人力资源策略如何支持这些目标;主动倾听:HRBP需要积极倾听业务部门人员的意见和建议,了解他们的工作压力、需求和挑战,并记录下来以便后续制订相应的解决方案;建立信任关系:HRBP需要与业务部门的人员建立信任关系,让他们相信HRBP是他们的合作伙伴,而不是他们的监管者。这样可以增强业务部门对HRBP的信任和依赖。

(2)深入了解行业和市场竞争:

通过研究市场需求、行业趋势和竞争对手,HRBP可以更深入地理解业务目标和业务价值。这有助于HRBP更好地制订人力资源策略,以支持企业的业务发展。为了深入了解行业和市场竞争,HRBP可以采取以下措施:

阅读相关资料:HRBP可以通过阅读行业报告、市场研究和其他相关资料,了解行业趋势和竞争对手的情况;参加行业活动:HRBP可以参加行业会议、展览和其他活动,与行业内的专业人士交流,了解行业最新的动态和趋势;分析竞争对手:HRBP可以通过分析竞争对手的策略、产品和服务,了解他们的优势和劣势,从而更好地理解业务目标和业务价值。

(3)关注企业战略和目标:

了解企业的战略目标和愿景,将有助于HRBP理解业务目标和业务价值。通过关注企业的战略方向和目标,HRBP可以更好地调整人力资源策略,以支持企业的战略实施和目标实现。要做到关注企业战略和目标,HRBP可以采取以下措施:

了解企业愿景和使命：HRBP需要了解企业的愿景和使命，以及企业希望在市场中的定位，这有助于HRBP更好地理解企业的战略目标和业务价值；参与战略规划会议：HRBP可以参与企业的战略规划会议，了解企业的战略方向和目标，以及这些目标如何影响人力资源策略的制订。

（4）数据分析和管理：

通过收集和分析数据，HRBP可以更好地了解业务目标和业务价值。HRBP可以采取以下措施：

收集数据：HRBP可以收集与业务目标和业务价值相关的数据，如员工绩效数据、客户满意度数据和市场销售数据等；分析数据：HRBP可以使用数据分析工具和方法来分析收集到的数据，以了解业务目标和业务价值之间的关系。

1.3.3　学习案例让你秒懂业务思维

在企业的发展过程中，战略调整是不可避免的。当市场环境、客户需求或竞争态势发生变化时，企业必须迅速做出反应，调整自己的战略方向。而在这个过程中，HRBP的作用不可忽视。他们不仅需要确保人力资源策略与企业战略的一致性，更需要在战略调整中发挥自己的专业优势，协助企业变革。

某科技公司近年来面临着市场竞争加剧和产品同质化严重的挑战。为了应对这些挑战，公司高层决定进行战略调整，从传统的硬件制造商向智能制造解决方案提供商转型。这一战略调整意味着公司需要在技术研发、市场营销、客户服务等方面进行全面的能力提升。

作为公司的HRBP，李经理深知这一战略调整对人力资源的需求和影响。她首先与高层管理团队密切沟通，深入理解战略调整的背景和目标。然后，她组织了一次跨部门的沟通会，邀请技术研发、市场营销、客户服务等关键部门的负责人参加，共同讨论战略调整对人才结构、能力培养和组织架构的影响和要求。

通过深入的讨论和分析，李经理发现公司在向智能制造解决方案提供商转型的过程中，缺乏具备跨界融合能力的人才。于是，她提出了一个针对性的人才发展计划，包括内部选拔和培养具备潜力的员工，以及通过外部招聘引进具备相关经验和技能的人才。同时，她还建议公司调整组织架构，成立一个跨部门的智能制造解决方案团队，以加强不同部门之间的协作和创新。

为了确保人才发展计划的顺利实施，李经理制订了详细的行动计划，包括人才选拔标准、培养计划、培训课程设计、绩效评估体系等。她还参与了关键人才的面试和选拔工作，确保选拔出的人才既符合公司的战略需求，又具备良好的发展潜力。

经过一段时间的努力，公司的人才结构得到了明显的改善，储备了很多具备跨界融合能力的人才。同时，跨部门的智能制造解决方案团队也取得了显著的成果，成功开发出了多个具有市场竞争力的智能制造解决方案。这些成果不仅提升了公司的市场竞争力，也为公司带来了更多的业务机会和合作伙伴。

1.4 客户思维：以客户为中心是人力资源优化的动力

在企业的运营中，人力资源部门经常被看作是支持和服务于其他部门的"后台"。但随着商业模式的变革和市场竞争的加剧，

HRBP需要转变视角,从"后台"走到"前台",以客户思维来驱动人力资源项目的落地。这不仅可以更好地服务于企业内部的客户(即员工和其他部门),更是为了实现人力资源部门自身的价值提升和战略地位的稳固。

1.4.1 客户思维为何如此重要

客户思维是指企业以满足客户需求为出发点,将客户的需求、观点和偏好融入企业的商业模式和运营策略中,以为客户提供满意的产品和服务为核心,从而创造企业价值的一种思维方式。

在当今竞争激烈的市场环境中,客户思维已经成了企业成功的关键因素之一。客户思维强调的是以客户为中心,从客户的角度出发,深入了解客户的需求、偏好和行为,并将其融入企业的产品开发、市场营销、客户服务等各个环节中,以提高客户满意度和忠诚度,进而提升企业的竞争力。

客户思维是一种商业哲学,它不仅适用于市场营销和客户服务部门,也适用于企业的各个部门,包括人力资源部门。HRBP作为企业中与客户接触最密切的岗位之一,需要将客户思维贯彻到工作中,从客户的角度出发,思考如何通过人才战略和组织发展来满足客户需求,进而提升企业的竞争力。

1.4.2 HRBP项目的灵感,来源于对客户的洞察

日常工作中,HRBP会发起和实施很多项目,涉及战略、组织、人才、文化和机制与流程等各个方面。HRBP旨在通过这些项目,为企业的组织和人才赋能,最终保障业务目标的达成。

在发起这些项目时,很多都是按照业务管理者或者 HR 负责人的指派,HRBP 很少会深度思考项目的来源到底是什么。如果不明确这个问题,即使实施再多的项目,也是徒劳。

结合自己多年的工作经验,我总结了一句话:即 HRBP 项目均来自客户洞察。

什么是客户洞察?客户洞察是指对客户需求、偏好和行为进行深入了解和分析的过程,是客户思维的一种具象体现。客户洞察是 HRBP 开展所有项目的起点。这里的"客户"包括企业内部的员工和外部的客户。HRBP 需要深入了解这两类客户的需求、痛点和期望,从而设计出真正符合他们需求的人力资源项目。

1. 员工洞察

员工是企业最重要的内部客户。HRBP 需要关注员工的职业发展、培训需求、工作满意度等方面。通过定期的员工调研、面谈和数据分析,HRBP 可以了解员工的真实想法和需求,进而设计出更符合员工期望的福利计划、培训计划和职业发展规划。这样的项目不仅能够提高员工的满意度和忠诚度,还能够间接提升企业的整体绩效。

> **案例**
>
> · 员工职业发展计划:基于员工对个人职业发展的期望和需求,设计个性化的职业发展路径和培训计划。这包括为员工提供内部和外部的培训机会、设置明确的晋升通道和职业发展指导。
>
> · 员工福利优化项目:通过员工调研了解员工对福利的偏好和需求,进而调整和优化福利政策,如调整健康保险计划、设置灵活的工作时间、增加员工休闲活动等。

· 员工满意度提升计划：针对员工调研中反映的问题和不满意点，设计改进措施，如优化工作流程、提供员工支持和辅导、改善工作环境等，以提升员工的工作满意度和忠诚度。

· 内部沟通平台建设：根据员工对内部沟通的需求，建立有效的沟通平台，如员工论坛、内部社交媒体、定期的员工大会等，以促进员工之间的交流和合作。

2. 外部客户洞察

虽然HRBP不直接与外部客户打交道，但了解外部客户的需求和反馈对于设计人力资源项目同样至关重要。通过与销售、市场等部门的紧密合作，HRBP可以了解外部客户对企业产品和服务的需求变化，进而调整人力资源策略，确保企业能够快速响应市场变化。例如，当外部客户对产品的个性化需求增加时，HRBP可以调整人才招聘和培训计划，增加具备创新能力和跨界思维的人才的引进和培养。

案例

· 客户服务能力提升计划：针对外部客户对服务质量和响应速度的需求，设计员工培训计划，提升客户服务团队的专业能力和服务意识，确保他们能够快速、准确地满足客户的需求。

· 市场趋势与人才招聘计划：分析市场趋势和外部客户的需求变化，预测未来人才市场的需求和供给情况，进而调整人才招聘计划，招聘具备相关技能和经验的人才，以支持企业的业务发展。

· 跨部门合作项目：根据外部客户的需求，推动不同部门之间的合作，打破部门壁垒，实现资源的共享和协同工作，以提高

> 企业的整体响应速度和创新能力。
>
> ·客户反馈与人才改进计划：收集和分析外部客户对产品和服务的反馈意见，将其转化为对人才的改进需求，设计相应的培训和发展计划，提升员工的客户导向意识和能力。

通过客户洞察来驱动人力资源项目的实施，HRBP不仅可以更好地满足企业和员工的需求，还能够实现自身的价值提升。这样的HRBP不仅能够为企业创造更多的价值，还能够在企业中获得更高的战略地位和影响力。

1.4.3 客户思维与组织能力：如何携手共创成功

组织能力杨三角是HRBP最常用的组织能力建设模型之一，它给HRBP提供了一套包括员工思维、员工能力、员工治理的框架，帮助HRBP更好地规划组织能力建设的具体工作。然而，很多HRBP在应用时却陷入了误区，非常片面和点状地去使用杨三角，完全忽略了客户思维。

下图是我结合多年HRBP工作经验以及和诸多业务高管访谈交流之后总结的客户思维与杨三角之间的关系图。

员工思维是组织能力建设的基石。它要求我们从员工的角度出发，理解他们的思维模式、价值观念和工作动机。通过培养员工的客户导向思维，我们可以确保他们在日常工作中始终将客户的需求放在首位，从而及时调整产品设计和服务策略，以满足市场的变化。这种思维模式的转变，需要组织通过培训、激励和文化建设等多种手段来实现。

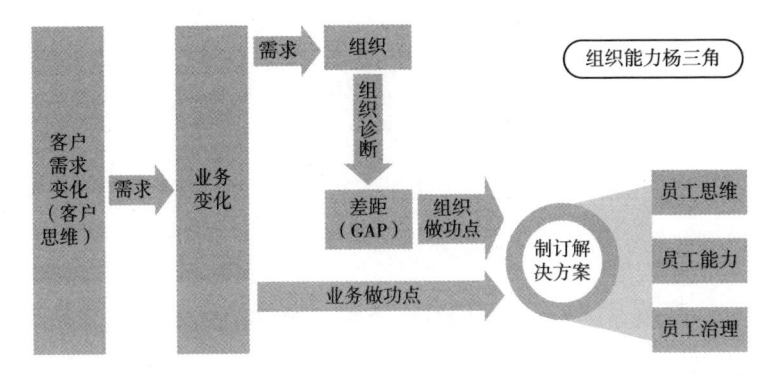

[图示：组织能力杨三角]

客户需求变化（客户思维）—需求→业务变化
需求→组织→组织诊断→差距（GAP）→制订解决方案
组织做功点、业务做功点→制订解决方案→员工思维／员工能力／员工治理

员工能力是支撑组织发展的关键因素。随着客户需求的多样化和个性化，员工必须具备相应的专业技能和跨部门协作能力，才能有效地响应市场的挑战。组织需要定期评估员工的能力现状，识别能力差距，并制订针对性的能力提升计划。这包括提供专业技能培训、搭建学习平台、鼓励知识分享等措施，以确保员工能力与时俱进。

员工治理则是组织能力建设的保障。它涉及组织结构、管理流程和决策机制等方面，确保组织高效运转，并能够快速响应市场的变化。在客户需求快速变化的背景下，组织需要建立灵活、扁平化的治理结构，减少决策层级，提高决策效率。同时，通过优化管理流程、引入先进的信息技术工具等手段，提升组织的协同作战能力，确保各项策略能够迅速落地执行。

然而，组织在发展过程中难免会遇到各种问题。这些问题的根源往往可以追溯到客户需求的变化。当客户需求发生变化时，产品设计、业务策略和市场策略等都必须进行相应的调整。这些调整又需要组织在结构、流程和人员等方面予以支持。如果组织无法及时、有效地应对这些变化，就会出现各种问题，如客户满意度下降、市场份额缩减等。

因此，在制订解决方案时，我们必须始终坚持客户需求导向的原则。这意味着我们要深入了解客户的需求变化，分析这些变化对业务和组织的影响，然后制订针对性的解决方案。这些解决方案不仅要解决当前的问题，更要预防未来可能出现的风险，确保组织在持续变化的市场环境中始终保持竞争优势。

1.5 产品思维：从职能服务到"产品经理"是HRBP的高级迭代

长久以来，HRBP的角色主要被定位为提供人力资源管理的基础服务和支持，如招聘、培训和绩效管理等。然而，随着企业竞争环境的日益复杂和变化，这种职能服务型的工作模式已经难以适应快速发展的业务需求。

HRBP作为连接人力资源与业务部门的桥梁，将发挥更大的作用。他们需要像产品经理一样，深入了解市场趋势和客户需求，将人力资源管理转化为能够推动业务增长的动力。

他们需要学会用产品思维去重新定义自己的工作，将人力资源服务转化为能够解决企业实际问题和驱动业务发展的"产品"。

1.5.1 产品思维，轻松感受它的魅力

产品思维是指HRBP以管理产品的视角和思维方式，去设计和提供人力资源服务，以满足企业内部客户（主要是业务部门和员工）的需求和期望。这种思维方式强调从用户的角度出发，深入了解和分析他们的需求、痛点和期望，然后设计和提供符合这些需求的人力资源解决方案。

具体来说,HRBP 的产品思维包括以下几个方面:

(1)用户中心:HRBP 将员工和业务部门视为自己的"客户",始终关注他们的需求和体验。他们会通过定期沟通、调研等方式,深入了解客户的需求和痛点,然后针对性地设计和优化人力资源服务。

> **案例**
>
> 示例1:HRBP 定期进行员工满意度调研,了解员工对培训、福利、职业发展等方面的需求和期望,然后根据调研结果调整或优化相应的人力资源服务。
>
> 示例2:HRBP 与销售部门紧密合作,了解销售人员在客户拓展和关系维护中面临的挑战,然后设计定制化的销售技能培训课程,帮助销售人员提升业绩。

(2)市场导向:HRBP 需要密切关注市场动态和行业趋势,了解最新的人力资源管理理念和方法。他们会将这些外部信息与内部需求相结合,制订出符合企业战略和业务需求的人力资源策略。

> **案例**
>
> 示例1:HRBP 关注到远程工作成为行业新趋势,于是研究并引入适合企业的远程协作工具和管理模式,以支持员工的高效远程工作。
>
> 示例2:HRBP 分析竞争对手的人才招聘和留任策略,结合企业自身情况,制订更具吸引力的人才激励方案,以增强企业在人才市场的竞争力。

(3)迭代优化:HRBP 的产品思维强调持续改进和优化。他们会定期收集用户反馈,分析数据和效果,然后根据这些信息对人力资源服务进行调整和优化。这种迭代优化的过程有助于不断提升用户体验和服务质量。

> **案例**
>
> 示例1:HRBP通过收集员工和部门经理的反馈,发现绩效管理流程存在烦琐和不透明的问题。于是,他们简化流程、增加透明度,并引入员工自评和互评机制,使绩效管理更加公正和有效。
>
> 示例2:基于员工对福利的满意度调查结果,HRBP发现员工对健康保险的需求较高。因此,他们与保险公司协商,为员工提供更加全面和个性化的健康保险方案。

(4)跨界融合:HRBP需要具备跨领域、跨行业的视野和思维方式。他们可以从其他行业或领域中汲取灵感和创新点,然后将其应用于本企业人力资源服务中。这种跨界融合有助于打破传统思维定式和行业边界,创造出更具竞争力的人力资源解决方案。

> **案例**
>
> 示例1:HRBP借鉴科技行业的创新实践,引入人工智能招聘工具来优化招聘流程,提高招聘效率和准确性。
>
> 示例2:HRBP从教育行业汲取灵感,将在线学习平台引入企业培训中,为员工提供更加灵活和个性化的学习体验。同时,他们还引入游戏化元素,增加学习的趣味性和互动性。

1.5.2 揭秘HRBP产品思维的培养之道

HRBP在设计本公司的人力资源项目时,可以通过以下步骤来培养产品思维：

1. 明确项目目标和用户需求

首先，HRBP 需要明确项目的目标和期望达成的业务成果。这要求他们深入了解业务需求和市场趋势，与业务部门建立紧密的合作关系，确保项目目标与业务战略相一致。同时，HRBP 还需要通过数据分析和用户调研，深入了解员工的需求、痛点和期望，以确保项目能够满足用户的实际需求。

2. 进行市场分析和竞品研究

在项目设计过程中，HRBP 需要进行市场分析和竞品研究，了解行业趋势、竞争对手的产品和服务，以及用户的需求和偏好。这有助于他们发现市场机会和潜在威胁，为项目设计提供参考和借鉴。通过对比和分析竞品，HRBP 可以学习到优秀产品的设计理念和功能特点，从而提升自己的产品思维能力。

3. 以用户为中心设计项目方案

在设计项目方案时，HRBP 需要始终将客户的需求和体验放在首位。他们可以通过客户访谈、问卷调查等方式收集用户的反馈和建议，了解客户对项目的期望和需求。然后，结合业务需求和市场趋势，HRBP 可以设计出符合客户期望的项目方案，包括功能设计、流程优化、界面布局等。

4. 采用敏捷开发方法进行项目迭代

在项目实施过程中，HRBP 可以采用敏捷开发方法，将项目划分为多个迭代周期，每个周期都包含需求分析、设计、开发、测试和反馈等环节。通过不断地迭代和优化，HRBP 可以及时发现和解决问题,确保项目能够按照预期的方向和目标进行。同时,敏捷开发方法也有助于提升团队的协作效率和创新能力。

5. 建立数据驱动的优化决策机制

在项目运行过程中,HRBP 需要建立数据驱动的优化决策机制。他们可以通过收集和分析项目数据,了解项目的运行情况和用户反馈,从而评估项目的效果和价值。基于数据分析结果,HRBP 可以对项目进行针对性的优化和改进,提升项目的质量和用户体验。这种数据驱动的优化决策机制有助于培养 HRBP 的产品思维能力,使他们更加注重项目的实际效果和用户价值。

1.5.3 在 HRBP 工作中应用产品思维的实践案例——设计并实施一项员工职业发展计划

一、背景与挑战

随着某科技公司业务的不断扩张,其员工数量在短短两年内翻了一番。然而,公司高层却逐渐意识到,员工流失率,尤其是中层技术和管理人才的流失率正在悄然上升。这不仅影响了团队的稳定性和业务连续性,还增加了招聘和培训新员工的成本。通过初步调研,公司发现员工对于职业发展的机会和晋升路径普遍感到迷茫,缺乏清晰的晋升通道和系统的培训资源。为了解决这一紧迫问题,公司高层决定由 HRBP(人力资源业务伙伴)团队牵头,设计并实施一项全面的员工职业发展计划。

二、HRBP 的产品思维应用

1. 深入的用户调研与需求分析

为了充分了解员工的真实需求和期望,HRBP 团队设计了一套详尽的问卷调查,并通过一对一深度访谈和焦点小组讨论的方式,收集了大量员工对于职业发展的反馈。他们发现员工普遍关注以下几个方面:明确的晋升通道和标准、与职业发展紧密相关的技能培训、内部转岗和跨部门合作的机会以及及时和公正的绩效评估和激励。

2. 全面的市场分析与竞品研究

HRBP 团队不应该仅局限于公司内部的需求分析,还应该积极关注行业趋势和竞争对手的动态。他们研究了行业内多家知名科技公司的员工职业发展计划,分析了这些计划的设计理念、功能模块和实施效果。通过对比和分析,他们发现了一些成功企业的共性和创新点,为本公司的项目设计提供了宝贵的参考。

3. 精心的项目设计与功能规划

基于深入的用户调研和市场分析,HRBP 团队开始着手设计员工职业发展计划。他们首先明确了项目的整体目标和分阶段实施计划,然后细化了各个功能模块的设计。这些模块包括:

·在线课程学习平台:提供丰富多样的课程资源,涵盖技术、管理、领导力等多个方面,支持员工根据个人职业发展规划进行自主学习。

·内部导师制度:鼓励资深员工担任导师角色,为新员工提供一对一的职业指导和技能传承。

·跨部门项目合作机会:定期发布跨部门合作项目,鼓励员工参与不同领域的项目实践,拓宽职业视野。

·定期绩效评估与晋升路径规划:建立公正、透明的绩效评估体系,明确各岗位的晋升标准和路径,为员工提供清晰的职业发展指引。

4. 敏捷开发与持续的迭代优化

HRBP 团队采用了敏捷开发的方法论,将整个项目划分为多个短期迭代周期。在每个迭代周期内,他们都会根据员工反馈、数据分析和业务部门的意见来调整项目方向和细节。例如,在第一个迭代周期结束后,他们发现员工对在线课程学习的参与度不高,于是迅速调整了课程内容和呈现方式,增加了更多与实际工作场景紧密结合的案例分析和互动练习。

5. 数据驱动的决策与成果评估

为了确保项目的长期成功和持续优化,HRBP团队建立了一套完善的数据跟踪和分析体系。他们通过收集和分析员工的学习数据、绩效评估结果、晋升情况等信息,持续评估项目的实施效果和价值。这些数据不仅为团队提供了优化项目的依据,还帮助公司高层更清晰地了解了员工职业发展的整体状况和趋势。

三、成果与影响

经过几个阶段的精心设计和持续优化,员工职业发展计划逐渐在公司内部赢得了广泛认可和好评。员工参与率大幅提升,满意度和留任率也显著上升。通过该计划,公司成功搭建了一个支持员工持续成长和发展的平台,不仅提升了员工的职业素养和综合能力,还为公司的长期稳定发展奠定了坚实的人才基础。同时,HRBP团队也在这个过程中深刻体会到了产品思维在人力资源工作中的重要性和价值。

1.6 系统思维:从碎片到整体,智解复杂问题的关键

系统思维强调从整体和全局的视角出发,去审视和分析问题。它不仅仅关注问题的各个碎片,更重要的是理解这些碎片如何相互

关联和相互作用,以及它们如何共同影响着整个系统。通过这种思维方式,我们可以洞察问题的本质,找到问题的根源,从而制订出更加全面、有效的解决方案。

1.6.1 系统思维,带你一探究竟

系统思维,简单来说,就是一种看问题的全面和整体的方法。它不仅仅关注问题的某一部分,而是尝试去理解问题的各个部分如何相互关联,以及这些关联如何影响整个问题的解决。系统思维强调"全局观念",提醒我们不要只见树木,不见森林。

在解决复杂问题时系统思维具有显著的优势,具体表现在以下几个方面:

(1)提供全面的视角:复杂问题往往涉及多个方面和因素,传统思维可能难以全面把握。而系统思维通过整体性的视角,能够综合考虑问题的各个方面和因素,避免遗漏或片面理解,从而更全面地认识问题。

(2)洞察问题的本质:复杂问题往往表面现象繁多,当事人难以直接找到问题的根源。系统思维通过深入分析问题的结构和动态变化,使人能够洞察问题的本质和根源,为解决问题提供有力的依据。

(3)制订综合性的解决方案:复杂问题往往需要多方面的协同解决,单一的方法或手段难以奏效。使用系统思维在制订解决方案时,会考虑各种因素的综合影响,制订出综合性的解决方案,从而更有效地解决问题。

(4)灵活应对变化:复杂问题往往伴随着不确定性和变化性,需要灵活应对。系统思维具有灵活性和适应性强的特点,能够根据

问题的变化及时调整解决方案,保持对问题的有效应对。

(5)激发创新思维:系统思维鼓励我们从不同的角度和层面思考问题,打破传统的思维框架和观念束缚。这种思维方式有助于激发创新思维和产生新的想法,为解决复杂问题提供新的思路和方法。

1.6.2 系统思维大揭秘:这样用效果翻倍

系统思维的具体应用方式多种多样,以下是几种常见的应用方式:

1. 整体法

在分析和处理问题的过程中,始终把整体放在第一位,而不是让任何部分凌驾于整体之上。例如,在项目管理中,要从整体角度考虑项目的目标、资源、时间、成本等各个方面,确保项目的顺利进行。

> **案例**
>
> HRBP在面对员工离职率上升的问题时,运用整体法进行系统思维构建。他们不仅关注离职员工的个体情况,还从整体角度分析公司的文化、工作环境、薪酬福利、职业发展机会等因素对员工离职的影响。通过收集各部门的数据和反馈,HRBP制订了一个全面的员工离职管理计划,包括改善工作环境、调整薪酬福利政策、提供更多的职业发展机会等,从而有效地降低了员工离职率。

2. 结构法

进行系统思维时,要注意系统内部结构的合理性。系统由各部分组成,部分与部分之间组合是否合理,对系统有很大影响。比如,在组织架构设计中,要考虑各部门之间的职责划分、协作关系等因素,确保组织架构的高效运作。

案例

随着公司业务的快速发展,原有的组织架构已无法满足需求。HRBP 运用结构法的系统思维,对公司的组织架构进行全面分析,发现部门间存在职责划分不清、沟通不畅等问题。他们提出一个优化方案,重新划分部门职责,增设必要的岗位和团队,调整管理层级和汇报关系。通过这次优化,公司的组织架构更加清晰合理,提高了工作效率和响应速度。

3. 拆解问题

将复杂问题拆解成更小的部分,然后逐个解决。通过拆解问题,可以更清晰地看到问题的各个方面,找到解决问题的关键点。这种方法常用于解决大型、复杂的项目或问题。

案例

HRBP 在面对员工培训需求时,运用拆解问题的系统思维方法。他们首先将培训需求拆解为不同的层面,如新员工入职培训、岗位技能培训、领导力培训等。然后针对每个层面进行深入分析,了解员工的具体需求和期望。通过拆解问题,HRBP 能够更准确地把握员工的培训需求,制订出更有针对性的培训计划。

4. 建立因果关系图

通过绘制因果关系图,可以将问题的各个要素进行连接,找出它们之间的相互影响和关系。这有助于全面了解问题的本质,并找到解决问题的最佳路径。比如,在质量管理中,可以绘制因果关系图来分析产品质量问题的根本原因。

> **案例**
>
> HRBP 在帮助员工改进绩效时,运用建立因果关系图的系统思维方法。他们与员工一起绘制绩效因果关系图,分析影响员工绩效的各种因素及其相互关系。通过图形化的方式展示问题的本质和根源,使员工能够更清晰地认识到自己的不足和改进方向。HRBP 根据因果关系图制订绩效改进计划,并提供必要的支持和指导,以帮助员工提升绩效水平。

1.6.3 系统思维的具体应用案例——优化员工激励机制

一、背景

某科技公司近年来业务快速扩张,市场份额持续增长。然而,随着公司规模的扩大,员工满意度和绩效却出现了下滑趋势。员工流失率上升,新员工招聘成本增加,公司高层意识到问题的严重性,决定委托 HRBP 对员工激励机制进行全面优化。

二、HRBP 的系统思维应用过程

1. 整体分析

HRBP 首先运用整体法,对公司现有的员工激励机制进行了全面梳理。他们发现,虽然公司提供了不少福利和奖励措施,如年终奖金、员工旅游和健康保险等,但这些措施并没有形成一个有机的整体,缺乏针对性和连贯性。此外,公司对员工的激励主要集中在物质层面,而忽视了员工的精神需求和个人成长。

2. 结构诊断

接下来，HRBP 运用结构法，深入分析了公司的组织架构、岗位职责、员工构成以及现有的激励机制。他们发现，不同部门和岗位的员工对激励的需求存在很大差异。例如，销售部门更注重业绩提成和晋升机会，而研发部门则更看重技术创新和团队氛围。此外，年轻员工更注重职业发展和学习机会，而资深员工则更看重工作稳定性和福利待遇。然而，现有的激励机制并没有充分考虑到这些差异。

3. 问题拆解

为了更具体地了解员工的需求和期望，HRBP 将问题拆解为不同的维度，如薪酬福利、职业发展和工作环境等，并针对不同维度进行了详细的调研和访谈。通过拆解问题，他们发现员工对薪酬福利的不满主要集中在薪资水平和奖金制度上；对职业发展机会的渴望则表现为对晋升通道和学习资源的关注；对工作环境改善的期待则涉及办公设施、团队协作和企业文化等方面。

4. 建立因果关系图

根据调研结果，HRBP 绘制了一幅员工激励因果关系图。图中清晰地展示了不同激励因素对员工满意度和绩效的影响程度以及它们之间的相互关系。例如，薪资水平直接影响员工的满意度和忠诚度；晋升机会和学习资源则与员工的职业发展紧密相连；团队氛围和企业文化则对员工的工作态度和绩效产生深远影响。这幅图帮助 HRBP 更直观地理解了问题的本质和根源。

5. 制订解决方案

基于以上分析，HRBP 制订了一套全面的员工激励优化方案。具体包括：

·调整薪酬福利政策,使之更具市场竞争力和内部公平性。例如,根据岗位价值和市场薪资水平重新设定薪资标准;建立与绩效紧密挂钩的奖金制度;提供多样化的福利选择以满足不同员工的需求。

·建立清晰的职业发展通道和晋升机制。明确各岗位的晋升标准和路径;设立内部岗位轮换和学习机会,鼓励员工跨部门合作和知识共享;建立透明的绩效评估体系,为员工提供及时反馈和改进建议。

·改善工作环境和氛围。投入资金更新办公设施和改善办公环境;加强团队协作和沟通培训,提升团队凝聚力和执行力;塑造积极向上的企业文化,鼓励员工创新和承担风险。

6. 实施与监控

方案制订后,HRBP与各部门密切合作,确保方案的顺利实施。他们组织培训会议向员工介绍新政策;建立沟通渠道收集员工的反馈和建议;定期评估激励机制的效果并根据反馈及时调整和优化方案。同时,他们还建立了一套监控机制来跟踪员工满意度、绩效指标以及离职率等关键数据的变化情况。

三、结果

经过一段时间的实施和调整,公司的员工激励机制得到了全面优化。员工满意度和绩效都有了显著提升:员工流失率降低,新员工招聘成本减少;团队协作和创新能力增强;公司整体业绩也继续保持了稳健的发展势头。

1.7 教练思维:激发组织内在潜力和创造力的催化剂

在快速变化的商业环境中,企业所面临的挑战日益复杂多变,这就要求HRBP的角色必须与时俱进,超越传统的人力资源管理范畴。传统上,HRBP可能更多地关注人力资源管理的基础工作,如招聘、培训、绩效管理等。然而,在当今这个变革的时代,仅仅依靠这些已经远远不够。

为了更有效地解决企业在战略、组织、人才、文化、机制等方面遇到的复杂问题,HRBP需要掌握一种全新的思维方式——教练思维。教练思维强调的不仅仅是提供解决方案,更重要的是通过倾听、引导、激发潜能的方式,帮助他人自主找到问题的答案,实现共同成长。

1.7.1 教练思维,让我们一起来看看

教练思维是一种以客户为中心,通过建立亲和关系、有效提问和倾听,引导客户主动思考和行动的思维方式。教练思维的目标是帮助客户认识和解决自身问题,激发其内在潜力和创造力,从而在个人和职业发展方面取得更大的成就。

教练思维的核心在于相信每个人都有自己的内在智慧和潜力,而教练的角色是引导他们发现和运用这些资源。教练通过建立亲和关系来赢得客户的信任和尊重,然后通过有效提问和倾听来引导客户深入思考和自我探索,最终找到解决问题的方法。

教练思维的应用范围非常广泛,包括但不限于企业管理、领导力发展、教育和心理咨询等领域。教练思维对于提高个人和组织的绩效、促进个人和团队的发展具有重要意义。

掌握教练思维对于HRBP的价值是多方面的,以下是具体的几方面价值:

1. 提升影响力

通过教练思维,HRBP能够更好地与业务部门合作,这一转变不仅深化了HRBP对业务需求的理解,还提升了其在组织中的战略地位。在传统的角色中,HR部门可能被视为一个支持性或事务性的职能部门,与业务部门的日常运营和战略决策存在一定的距离。然而,随着商业环境的不断变化和企业对人才管理的日益重视,HRBP的角色逐渐从后台走向前台,成为业务部门的重要合作伙伴。

教练思维的核心在于倾听、提问和反馈,这些技巧帮助HRBP在与业务部门的互动中更加敏锐地捕捉信息,深入了解他们的需求和挑战。通过倾听,HRBP能够捕捉到业务部门在日常运营中遇到的困难、对人才的需求以及组织文化的细微变化。通过提问,他们可以进一步澄清业务部门的目标和期望,共同探讨可能的解决方案。而反馈则是一个双向的过程,HRBP不仅向业务部门提供关于人力资源方面的专业建议,也从业务部门那里获得关于市场趋势、竞争态势和客户需求等宝贵信息。

这种深入的合作关系为HRBP提供了一个独特的平台,使他们能够结合业务部门的实际情况,提供更加贴合实际的解决方案。这些解决方案可能涉及招聘策略的调整、培训计划的优化、绩效管理体系的改进或组织文化的重塑等多个方面。由于这些解决方案正面满足了业务部门的需求和挑战,因此它们更有可能得到业务部门的认可和支持。随着时间的推移,HRBP与业务部门之间的合作关系不断加深,HRBP在组织中的影响力也随之提升。

2. 增强团队能力

教练思维强调引导、激发潜能和共同成长,这与传统的指令式或控制式管理风格形成鲜明对比。在传统的管理模式中,领导者往往注重问题的解决和任务的完成,而忽视了对团队成员潜能的挖掘和个性的发展。而教练式的 HRBP 则更加注重与团队成员的平等对话和深度互动,致力于帮助他们发现自身的优势和潜力。

要增强团队能力,首先需要对每个团队成员有深入的了解。HRBP 通过倾听团队成员的想法、需求和困惑,能够建立起对他们的信任和理解。这种倾听不是简单地听取意见,而是用心去感受团队成员的内心世界,理解他们的动机和期望。通过倾听,HRBP 可以捕捉到团队成员的潜在能力和发展空间,为后续的引导和支持奠定基础。

在了解团队成员的基础上,HRBP 进一步运用提问和反馈等教练技巧来激发他们的潜能。提问可以引导团队成员进行深入思考,发现自身的问题和盲点,从而找到改进的方向。而反馈则是对团队成员行为和表现的客观评价,它能够帮助团队成员认清自身的优势和不足,明确改进的目标和路径。通过持续的提问和反馈,HRBP 可以推动团队成员不断挑战自我、超越自我,实现个人和团队的共同成长。

3. 促进组织发展

掌握教练思维的 HRBP,能够在这一进程中发挥更大的作用,为组织的顺利转型提供有力支持。

首先,教练思维赋予了 HRBP 更广阔的视野和更深入的洞察力。他们不仅关注人力资源管理的基础工作,更能够站在战略的高度,审视组织变革的必要性和可行性。因此,在变革初期,HRBP 便能够积极参与到变革的设计和规划中来,与高层管理者共同制订变革策略,确保变革目标与组织战略相一致。

其次,教练思维强调的是引导、激发潜能和共同成长。这种理念使得 HRBP 在推动变革时,不仅仅是一个执行者,更是一个引导者和支持者。他们通过运用教练技巧,如倾听、提问和反馈,与员工进行深入的沟通和交流,了解他们对变革的看法和顾虑。在此基础上,HRBP 能够有针对性地提供支持和帮助,引导员工正确看待变革带来的挑战和机遇,增强他们的变革信心和适应能力。

此外,教练思维还注重培养员工的自主性和创新能力。在变革过程中,HRBP 鼓励员工积极参与,提出自己的意见和建议。他们通过搭建平台和提供资源等方式,激发员工的创造力和创新精神,让他们在变革中发挥更大的作用。这种参与式的管理方式不仅能够提升员工的归属感和满意度,还能够为变革带来更多的创意和解决方案。

1.7.2 如何让教练思维助你一臂之力

当 HRBP 还无法潜移默化地应用教练思维时,建议先按照如下的教练方式来刻意练习,通过不断的实践将教练方式融会贯通到自己的工作习惯中去。教练思维的应用方式主要体现在以下几个方面:

1. 建立信任与安全感

教练与被教练者之间建立信任关系的重要性不言而喻,它是进行有效沟通的基础。在教练过程中,如果双方没有建立起信任,被教练者可能会隐瞒信息、避免敏感话题或不愿意开放自己,这将极大地限制教练的效果。

信任关系的建立需要时间、耐心和一致性。教练需要通过自己的言行展示出对被教练者的尊重、理解和支持。这包括保守秘密、尊重被教练者的个人界限以及在被教练者分享敏感信息时给予适当的反馈和支持。当被教练者感受到教练是可靠、专业和值得信任的,他们才会更愿意敞开心扉,分享自己的想法、感受和困惑。

与此同时,教练需要创造一个安全的环境,这个环境不仅仅是指物理上的安全,更重要的是心理上的安全。被教练者需要感受到在这个环境中,他们可以自由地表达自己的观点,不用担心被评判、批评或嘲笑。教练需要展现出对被教练者观点的尊重和接纳,即使这些观点与教练自己的看法不同。

2. 倾听与提问

倾听不止是一种简单的行为,更是一种深层次的尊重与理解。当教练全神贯注地倾听被教练者的言辞时,他们传递出的信息是:"你的声音对我来说很重要,你的观点值得被听见。"这种倾听不仅让被教练者感受到自己的价值和被重视,还能鼓励他们更加开放地分享自己的想法和感受。

有效倾听不仅仅是保持沉默和耐心等待对方说完。它需要教练运用一系列技巧,如保持眼神接触、点头示意理解、适时回应等,来表明自己正在积极参与对话。同时,教练还需要学会控制自己的打断冲动,给予被教练者足够的时间和空间来表达自己。通过有效倾听,教练能够捕捉到被教练者言语背后的情感、需求和动机,从而更加精准地理解他们的立场和观点。

与倾听紧密相连的是提问技巧。在教练过程中,提问不仅是一种获取信息的方式,更是一种激发思考、引导自我发现的重要工具。通过精心设计的开放式问题,教练可以引导被教练者深入思考问题的多个层面,挖掘出潜藏在表面答案之下的更丰富、更有深度的内容。

开放式问题的特点是不设限定的答案范围,允许被教练者自由地表达自己的观点和感受。这类问题通常以"什么""如何""为什么"等词语开头,鼓励被教练者详细描述情况、探索原因和提出解决方案等。例如,"你觉得这个问题出现的根本原因是什么?"或者"你有没有尝试过其他可能的解决方法?"这样的问题能够激发被教练者的思考过程,帮助他们从不同的角度审视问题,并发现新的可能性和机会。

3. 反馈与指导

教练在训练过程中给出反馈需要具体而及时,旨在帮助被教练者全面认识自己的表现。当教练能够明确指出被教练者的优势时,这无疑会增强他们的自信心,并为他们提供继续前进的动力。同样地,当教练指出需要改进的地方时,被教练者也能够明确知道自己应该在哪些方面有欠缺进而调整策略,提升表现。

及时性是反馈中另一个重要的因素。如果反馈给予得太晚,那么被教练者可能已经忘记了当时的情境,或者已经形成了固定的习惯模式,此时再给出反馈,其效果可能会大打折扣。因此,教练需要在观察被教练者的行为或表现后,尽快给出自己的反馈,这样被教练者才能够及时调整,并在下一次的实践中加以应用。

与此同时,一个好的教练并不会直接给出答案,而是会引导被教练者自己去寻找解决问题的方法。这种指导方式不仅能够培养被教练者的独立思考能力,还能够增强他们的自信心和解决问题的能力。教练可以通过提供方向、建议或资源等方式,帮助被教练者拓宽思路，找到适合自己的解决方案。

4. 设定目标与制订计划

教练与被教练者在开始任何形式的训练或指导之前，共同设定清晰、具体的目标是至关重要的。这些目标不仅能够为双方提供了一个明确的前进方向，还能够确保双方在训练过程中对期望的结果有共同的理解。设定目标时，教练与被教练者需要深入沟通，确保所设定的目标是具体和可衡量的，并且与被教练者的个人或职业发展紧密相关。通过共同讨论和协商，双方可以建立一个明确的目标体系，这将成为整个训练过程的基础。

一旦目标设定完成，接下来的关键步骤是制订切实可行的行动计划。这个计划需要详细列出实现目标所需的具体步骤、时间表以及责任人。每个步骤都应该是具体和可操作的，以便被教练者能够清楚地知道自己需要做什么，以及何时完成。时间表则有助于确保双方对进度有清晰的把握，从而及时调整策略。责任人的明确则能够确保每个环节都有人负责，避免出现推诿或模糊的责任分工。

在制订行动计划时，教练与被教练者还需要考虑可能遇到的挑战和障碍，并提前制订应对策略。这样，当实际执行过程中遇到问题时，双方可以迅速作出反应，调整计划，确保目标的实现不受影响。通过这种方式，教练与被教练者可以建立起一个紧密的合作关系，共同为实现目标而努力。

5. 跟进与调整

教练在训练和指导过程中，定期跟进被教练者的进展是至关重要的。这种跟进不仅有助于教练了解被教练者当前的状态和计划的执行情况，还能够及时发现潜在的问题和障碍，从而提供必要的支持和帮助。通过定期与被教练者会面交流,或者利用其他形式的沟通工具保持联系,教练可以确保自己始终掌握着训练的最新动态。

在跟进过程中,教练需要关注被教练者的实际表现与预期目标之间的差距。如果发现被教练者在某些方面取得了显著的进步时,教练应该及时给予肯定和鼓励,以增强被教练者的自信心和动力。同时,教练也需要留意是否存在任何偏离目标或计划的情况。一旦发现这样的问题,教练需要及时与被教练者进行沟通,共同探讨问题出现的原因,并寻找解决方案。

当遇到障碍或偏离目标时,教练的角色变得更加关键。教练不仅需要具备敏锐的观察力和判断力,还需要拥有丰富的经验和专业知识,以便能够迅速识别问题所在,并给出有效的建议和指导。在与被教练者沟通时,教练需要保持开放和耐心的态度,倾听被教练者的想法和感受,理解他们所面临的困难。然后,教练可以与被教练者共同制订新的计划,以应对当前的挑战,确保训练能够继续朝着既定的目标进行。

1.7.3 教练思维,这些场景你一定用得上

教练思维具有广泛的应用场景,具体如下:

(1)个人发展与职业规划:在个人层面,教练思维可以帮助个体认清自己的优势、劣势、机会和威胁,从而制订出符合自身情况的职业规划。通过设定明确的目标,并制订实现这些目标的行动计划,个人可以在职业发展中取得更好的成果。

(2)团队建设与领导力发展:在团队层面,教练思维可以帮助

领导者更好地了解团队成员,发掘他们的潜力,并激发团队的凝聚力和创造力。通过倾听、提问和反馈等教练技巧,领导者可以引导团队成员共同解决问题,提升团队的整体绩效。

(3)组织变革与战略实施:在组织层面,当企业面临变革或需要实施新的战略时,教练思维可以帮助管理层有效地引导员工适应变化,并激发他们对于新战略的热情和投入度。通过教练式的沟通和引导,管理层可以化解员工的疑虑和抵触情绪,促进变革的顺利进行。

(4)员工辅导与绩效提升:在日常工作中,教练思维可以用于员工辅导和绩效管理。通过定期的绩效对话和反馈,管理者可以帮助员工认清自己的工作表现,找出改进的方向,并制订具体的行动计划。这种辅导方式不仅可以提升员工的工作绩效,还可以增强他们的工作满意度和忠诚度。

(5)冲突管理与问题解决:在组织中,冲突和问题是不可避免的。教练思维可以帮助管理者有效地处理这些冲突和问题,通过倾听各方的意见和诉求,引导各方共同寻找解决方案。这种方式不仅可以化解冲突,还可以促进组织内部的和谐与稳定。

1.8 模型思维:在复杂问题中寻找简约解决方案的利器

在当今复杂多变的商业环境中,企业面临着诸多挑战,人力资源管理也不例外。作为人力资源业务合作伙伴(HRBP),如何运用先进的思维方式和工具帮助企业解决更多的问题,进而提升组织效能,已成为一项迫切的任务。其中,模型思维便是一种强大且实用的能力,它能够帮助 HRBP 以更加系统化、逻辑化的方式分析和解决问题。

1.8.1 模型思维，解锁问题新视角

模型思维不仅仅是一种思考方式，更是一种解决问题的有效工具。它鼓励我们在面对复杂问题时，不是仅仅停留在问题表面，而是深入到问题的核心，尝试找出隐藏的模式和规律。通过构建、分析和应用模型，我们能够更加系统地理解复杂问题，从而找到有针对性的解决方案。

1. 构建模型：从具体到抽象

构建模型的过程是一个从具体到抽象的过程。当我们遇到一个实际问题时，首先需要对问题进行详细的了解和分析，收集相关的数据和信息。然后，我们需要从这些数据和信息中提取出关键要素和变量，忽略次要因素，从而简化问题。最后，我们可以利用数学、逻辑或其他方法，将这些要素和变量之间的关系表达出来，形成一个模型。

例如，在人力资源管理领域，我们可能会遇到员工流失的问题。为了解决这个问题，我们首先需要收集员工流失的相关数据，如流失率、员工满意度和薪资水平等。然后，我们分析这些数据，找出与员工流失最相关的因素。最后，我们可以建立一个回归模型，用数学公式表达员工流失与这些因素之间的关系。

2. 分析模型：揭示内在逻辑

分析模型是模型思维的核心。通过对模型进行数学推导、模拟仿真或实证分析，我们可以深入了解问题的内在逻辑和机制。模型分析可以帮助我们发现变量之间的相互影响和作用机制，从而更加深入地理解问题。

以上述员工流失模型为例,通过模型分析,我们可能会发现员工满意度和薪资水平是影响员工流失的关键因素。当员工满意度降低或薪资水平低于市场平均水平时,员工流失率会显著上升。这样的发现可以帮助我们更加有针对性地制订解决方案。

3. 应用模型:指导决策与实践

应用模型是模型思维的最终目的。在充分理解问题的内在逻辑和机制后,我们需要将模型应用到实际问题中去,以检验其可行性和有效性。这个过程可能需要进行多次迭代和调整,以确保模型能够准确地反映实际情况,并为我们提供有价值的决策支持。

在上述员工流失问题中,应用模型意味着我们需要根据模型分析的结果,调整员工满意度和薪资水平等关键因素。例如,我们可以通过提高员工福利待遇、加强员工培训和给予职业发展机会等方式,提高员工满意度;同时,我们也可以根据市场情况调整薪资水平,以保持公司薪资水平的竞争力。这样的决策和实践可以基于模型的预测和指导,从而更加科学和有效。

1.8.2 小心! 模型思维里也有"坑"

在实际应用中,模型思维虽然能够帮助我们更好地理解和解决问题,但也存在一些常见的问题需要规避。以下是一些需要注意的方面:

(1)过度简化:模型是对现实世界的抽象和简化,但过度简化可能导致重要信息的缺失。当模型简化到无法准确体现现实情况的复杂性时,其预测和决策的准确性就会大打折扣。因此,在构建模型时,我们需要找到简化和复杂性之间找到一个恰当的平衡点。

(2)数据偏差:模型的准确性和可靠性高度依赖于输入的数

据。如果数据存在偏差或错误,那么模型的结果也将是有偏差的。因此,在使用模型思维时,必须确保数据的完整性和准确性,并警惕可能存在的数据偏差。

(3)忽视动态变化:许多模型是基于静态假设构建的,即假设系统的状态和变量在一段时间内保持不变。然而,现实世界是不断变化的,忽视这些动态变化可能导致模型的失效。因此,在应用模型思维时,需要关注系统的动态性,并适时更新和调整模型。

(4)误用或滥用模型:每个模型都有其适用的范围和条件。超出适用范围或违反适用条件使用模型,可能导致错误的结论和决策。因此,在使用模型时,必须清楚了解其适用范围和限制,避免误用或滥用。

(5)忽视人的因素:模型通常基于理性假设构建,但人的行为和决策往往受到情感、社会和文化等多种因素的影响。忽视这些非理性因素,可能导致模型无法准确预测和解释人的行为和决策。因此,在应用模型思维时,需要充分考虑人的因素,并结合实际情况进行分析和判断。

为了规避这些问题,HRBP在应用模型思维时应该保持谨慎和批判的态度,不断学习和提升自己的建模能力,同时与业务部门保持紧密沟通,确保模型与实际业务需求的契合度。

1.8.3 模型思维的具体应用案例——培训效果评估模型

一、背景

在零售行业中,员工的服务质量和销售业绩直接关系到公司的整体运营成果。为了不断提升这两大关键能力,该零售企业决定投资于员工培训。然而,单纯的培训并不足以保证效果,必须有一套科学、合理的效果评估机制来确定该项培训投资是否带来了预期的回报。为此,公司决定构建一个培训效果评估模型,旨在量化培训对员工绩效和客户满意度的影响。

二、模型构建

1. 数据收集

为了确保模型的准确性和可靠性,首先需要收集全面并且真实的数据。这包括员工参加培训前的初始绩效数据,如销售额、客户满意度评分等;培训过程中的各种数据,如培训时长、培训内容和培训方式等;以及培训后的绩效数据和满意度调查结果。所有这些数据都将成为模型构建的基础。

2. 回归分析

在收集到足够的数据后,接下来应该使用回归分析方法进行建模。回归分析是一种统计学方法,用于研究因变量(该案例是指员工绩效和满意度)与自变量(该案例是指培训内容和方式等)之间的关系。通过这种方法,我们可以构建一个数学模型,来描述培训对员工绩效和客户满意度的影响。

在模型中,我们将员工绩效和客户满意度作为因变量,而将培训内容、培训方式、培训时长等作为自变量。然后,利用收集到的数据进行回归分析,得到各个自变量的系数,从而量化它们对因变量的影响程度。

三、应用效果

1. 效果评估

通过构建的评估模型,公司能够准确地量化培训对员工绩效和满意度的影响。这不仅可以帮助公司了解哪些培训内容和方式更加有效,还可以为未来的培训计划提供有力的数据支持。

2. 改进计划

基于模型的评估结果,公司可以识别出哪些培训内容和方式是有效的,哪些是无效的或效果不佳的。然后,针对这些问题和不足,对培训计划进行改进和优化。例如,增加某些有效的培训内容,减少或改进某些无效的培训方式等。

3. 提升效果

经过改进后的培训计划将更加符合公司的战略目标和员工的实际需求。通过实施这些优化后的培训计划,员工的绩效和客户满意度有望得到显著提升。这将直接反映在公司的销售业绩上,可以带动公司整体业绩的提升。同时,这也将形成一个良性循环:优秀的培训计划→提高员工绩效和满意度→提升公司业绩→更多的培训投资→更优秀的培训计划……如此循环往复,推动公司的持续发展和进步。

1.9 批判性思维:HRBP 理性审视和独立思考的内核

批判性思维,是一种不可或缺的深层次独立思考能力。HRBP需要透过现象看本质,对信息进行多角度、多维度的审视和评估,以确保其准确性和可靠性。

同时,HRBP 应具备一种创新和前瞻性的思维方式,需要深入思考问题的根源和未来可能的发展趋势,以提出更具战略性和可持续性的解决方案。

1.9.1 批判性思维,让你看待问题更犀利

批判性思维,简单来说,就是一种不轻信、不盲从,倾向于深入

思考问题的思维方式。它并不满足于接受现成的答案,而是热衷于追根究底,从不同的角度和层面去审视问题。

在日常生活中,我们经常会遇到各种各样的信息和观点。有些信息可能是真实的,有些可能是虚假的;有些观点可能有理有据,有些可能失之片面。如果我们缺乏批判性思维,就很容易被这些信息和观点所误导,从而做出错误的判断和决策。

而有了批判性思维,就如同手握一把利剑,能够剖析问题的表象,直击问题的核心。我们会学会提问,学会质疑,学会分析和比较,从而更加全面、深入地理解一个问题。这样,我们就能够做出更加明智和准确的决策,避免被欺瞒和误导。

对于 HRBP 来说,因其工作涉及人才招聘、培训、绩效管理等方方面面,需要处理大量的信息和数据。批判性思维,可以帮助 HRBP 有效地筛选、分析和判断这些信息和数据,从而做出更加符合企业需求的决策。同时,批判性思维也能够提升 HRBP 与同事、上级、下属之间的沟通效果,增强其说服力和影响力。

1.9.2　批判性思维怎么用？ 这里教你几招

将批判性思维应用在 HRBP 的工作中,可以帮助 HRBP 更好地应对复杂的人力资源问题挑战,并提升工作质量和效果。HRBP 如何在日常工作中融入批判性思维呢？以下是一些建议。

1. 建立寻找关键问题的意识

在处理员工关系、制定薪酬政策或进行绩效评估时,HRBP 应主动寻找关键问题,并努力理解其背后的根本原因。这有助于避免被表面现象所误导,并直接针对核心问题制订解决方案。

在某公司出现员工离职率较高的情况时，HRBP 不满足于仅仅查看离职统计数字，而是深入调查离职面谈记录、工作满意度调查结果以及内部沟通平台的员工反馈。通过这些深入分析，HRBP 发现关键问题在于公司的职业发展机会有限以及工作压力过大。针对这些问题，HRBP 制订了相应的解决方案，如增加内部晋升机会、改善工作流程以减轻员工负担等。

2. 强化提出和回答关键问题的能力

HRBP 应学会提出关键问题，如"这个绩效问题的根本原因是什么？"或"我们的薪酬政策是否真正激励了员工？"同时，他们还应努力回答这些问题，通过收集数据、与员工沟通或进行市场研究来找到答案。

案例

在制定新的员工福利政策时，HRBP 提出关键问题："我们的福利政策是否真正满足了员工的需求并提高了他们的满意度？"为了回答这个问题，HRBP 设计了员工满意度调查问卷，并与不同层级的员工进行面对面访谈。通过收集和分析数据，HRBP 发现员工更看重灵活的工作时间和远程工作选项，而不是传统的福利如公司车辆或免费午餐。因此，HRBP 建议公司在福利政策中增加这些灵活工作安排的选项。

3. 在决策过程中运用批判性思维

当面临重大的人力资源决策时，如招聘高级职位、制订培训计划或处理员工纠纷，HRBP 应运用批判性思维来评估各种选项的优缺点。他们应考虑到所有可能的影响，包括长期和短期的后果，以确保做出的决策既符合公司的战略目标,也符合员工的最佳利益诉求。

> **案例**
>
> 当公司需要决定是否开设一个新的海外办事处时,HRBP可以运用批判性思维来评估这个决策的影响。他们考虑了成本、市场需求、当地人才可用性和文化差异等多个因素,并进行了详细的市场研究和风险评估。通过综合评估各种选项的优缺点,HRBP建议公司在市场需求强烈且当地人才资源丰富的地区开设办事处,并提出了相应的招聘和培训计划以确保新办事处的成功运营。

4. 对信息和数据进行批判性评估

HRBP经常需要处理大量的信息和数据,如简历、绩效评估结果或市场调研数据可以通过批判性思维来评估这些信息和数据,质疑其来源、准确性和完整性。这有助于确保他们基于可靠的信息和数据做出决策。

> **案例**
>
> 在处理一份关于员工满意度的调查报告时,HRBP注意到某些数据似乎与其他来源的信息不一致。他们没有直接接受这些数据作为事实,而是进行了进一步的验证和调查。通过与其他部门沟通和回溯原始数据收集方法,HRBP发现调查报告中的某些问题存在偏差,导致数据失真。因此,他们决定重新设计调查问卷并重新收集数据,以确保管理者可以基于准确的信息做出决策。

5. 在沟通和协作中展示批判性思维

HRBP在与员工、管理层和其他部门沟通时，应展示他们的批判性思维能力。他们应学会倾听他人的观点，提出有洞察力的问题，并提供有逻辑和事实支持的反馈。这将有助于建立他们的信誉和影响力，并促进更有效的跨部门协作。

> **案例**
>
> 在一次跨部门会议上，销售部门提出了一个旨在提高业绩的激进销售计划。然而，HRBP对计划中忽视员工负担和潜在人员流失风险的方面非常关注。他们通过提出一系列有洞察力的问题来质疑计划的可行性，并分享了之前类似计划失败的案例和教训。通过逻辑清晰、有事实支持的反馈，HRBP成功说服了销售团队重新考虑计划，并在考虑员工利益和可持续发展的基础上制订了一个更加平衡和可行的销售策略。

1.9.3 批判性思维的具体应用案例——处理员工绩效问题

一、背景

Alice，作为某科技公司的HRBP，全面负责人力资源管理工作。一天，她收到了软件开发部门提交的关于工程师Bob的绩效评估报告。报告显示，在过去连续三个季度中，Bob的绩效评分均低于团队平均水平，且多个关键项目未能按时交付。这不仅影响了团队的整体效率，也对公司的业务进展造成了一定的压力。

二、应用批判性思维的过程

1. 详细收集并深入审查信息

Alice 从多个来源收集了关于 Bob 的详细信息，包括他的绩效评估报告、项目进度报告、同事的 360 度反馈以及上级的评价。

她仔细审查了这些资料，注意到 Bob 在涉及新技术领域的项目中表现不佳，但在维护旧系统和解决技术难题方面表现良好。此外，她还注意到 Bob 在过去一年中没有参加过任何技术培训或提升课程。

2. 精确识别关键问题

Alice 列出了几个可能的关键问题：Bob 是否缺乏新技术领域的知识和技能？他在项目管理和时间管理方面是否存在问题？他是否清楚了解并认同自己的绩效目标？

她还考虑了其他可能的外部因素，如家庭问题、健康状况或工作压力等，这些因素都可能影响到 Bob 的工作表现。

3. 提出并验证假设

基于收集到的信息，Alice 假设 Bob 可能在新技术领域存在知识盲区，导致他难以快速适应和完成项目。

为了验证这一假设，她安排了与 Bob 的一对一面谈。在面谈中，她使用了开放式和封闭式问题相结合的方式，深入了解 Bob 在工作中的具体挑战、遇到的困难以及他自身的职业发展期望。

4. 深入分析与全面评估

通过面谈，Alice 了解到 Bob 确实对新技术领域感到有些吃力，但他也表达了对学习新知识和提升技能的强烈愿望。同时，Bob 也承认自己在项目管理和时间管理方面有待改进。

Alice 进一步整理了公司内部的培训资源和导师制度，发现有一些针对性的技术培训课程和经验丰富的技术导师可以帮助 Bob

提升所需技能。

5. 制订具体的改进计划

根据面谈和分析的结果，Alice 与 Bob 共同制订了一个详细的改进计划。计划包括为 Bob 安排参加新技术的培训课程，分配一个经验丰富的技术导师对他进行定期指导和反馈，以及重新设定明确和可衡量的短期和长期绩效目标。

此外，改进计划还包括定期的面谈和跟进会议，以确保 Bob 的改善进展和遇到的困难能够及时得到解决。

6. 持续监控与适时调整

在实施改进计划的过程中，Alice 定期与 Bob 和他的技术导师进行面谈，了解他的学习进展、工作挑战和需要的支持。她还收集了项目进度报告和同事的反馈，以全面评估 Bob 的绩效改进情况。

根据收集的反馈和评估结果，Alice 对改进计划进行了必要的调整，如增加培训课程的难度、调整导师的指导方式和重新设定绩效目标等。这些调整旨在确保改进计划能够更好地满足 Bob 的实际需求并促进他的持续发展。

三、结果

经过几个月的实施和跟进，Bob 的绩效有了明显的提升。他成功地完成了几个关键项目，并在团队中获得了更高的认可度和自信心。同时，他也表示对新技术领域产生了浓厚的兴趣，愿意继续深入学习和探索。Alice 的批判性思维方法不仅帮助她准确地诊断了问题并制订了有效的改进计划，还最终实现了员工绩效的提升和团队士气的提高。这也为公司带来了更高的业务效率和更好的发展前景。

第 2 章
模型，系统解耦影响决策效率

2.1 IDAR 模型：从结果到认知的深层次透视

随着商业世界的不断演进，HRBP 所承担的职责也在逐步扩展和深化。他们已然从单纯的人事管理者转变为企业战略实施的关键推动者。为了有效地应对这一转变带来的挑战，HRBP 需要掌握先进的工具和方法，更精准地识别问题、制订策略并推动结果实现。IDAR 模型以其独特的洞察（insight）、决策（decision）、行动（action）和结果（result）框架，在这方面发挥着不可替代的作用。

2.1.1 解读 IDAR 模型：洞察问题本质的钥匙

IDAR 模型是一个综合性的、循环往复的框架，专为人力资源业务伙伴（HRBP）打造，旨在通过深度洞察、明智决策、有效行动和结果评估四个关键环节，推动组织的持续改进和卓越成果的实现。无论组织在任何一个环节遇到问题时，HRBP 都可以运用此模型进行逆向诊断，从结果出发，逐层回溯，精准定位问题，并制订有效的改善策略。

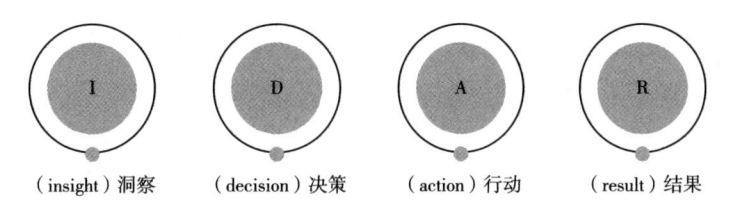

(insight)洞察　　(decision)决策　　(action)行动　　(result)结果

1. 洞察(insight)

这是 IDAR 模型的基石,涉及对组织内外环境的全面、深入的分析和理解。HRBP 需要运用各种数据收集和分析工具,从多个角度和层面获取关于员工、业务、市场和竞争对手等方面的信息。这些信息不仅要准确、及时,还要具有前瞻性和预测性。通过深度洞察,HRBP 能够识别出组织面临的机会和挑战,为后续的决策提供有力的支持。

2. 决策(decision)

在洞察的基础上,决策环节要求 HRBP 结合组织的战略目标、资源状况、利益相关者需求以及外部环境的变化,对各种可能的行动方案进行全面的评估和比较。决策过程需要充分考虑方案的可行性、风险性、长期影响以及与组织整体战略的契合度。通过明智的决策,HRBP 应确保所选的行动方案能够最大限度地推动组织目标的实现。

3. 行动(action)

行动环节是将决策转化为具体操作和实施计划的过程。HRBP 需要确保计划的制订详细、全面,涵盖所有关键要素和步骤,同时还需要考虑资源的合理配置、团队的协作与沟通以及实施过程中的监控与调整。在行动过程中,HRBP 需要密切关注实施进展,及时发现并解决问题,确保计划的顺利推进。通过有效的行动,HRBP能够将决策转化为实际的成果,为组织创造价值。

4. 结果(result)

结果环节是对行动的实际产出和影响的全面评估。HRBP需要收集和分析各种定量和定性的数据指标,以评估行动是否达到了预期的目标和效果。评估过程需要客观、公正,既要看到成果也要看到不足。通过结果评估,HRBP能够了解行动的实际效果,识别出存在的问题和改进的机会,为下一轮的IDAR循环提供有价值的输入。

当下游环节出现问题时,HRBP可以运用IDAR模型进行逆向诊断。从结果出发,逐层回溯至行动、决策和洞察环节,分析每个环节可能存在的问题和障碍。通过这种方式,HRBP能够精准地定位问题的根源所在,并制订相应的改善措施和计划。这种逆向诊断的方法不仅能够帮助HRBP及时发现问题并解决问题,还能够预防类似问题的再次发生,推动组织的持续改进和提升。

2.1.2 实战IDAR模型:找到最适合的应用场景

作为诊断工具,IDAR模型在HRBP的工作中具有广泛的应用场景。

应用场景	描　述
员工绩效问题分析	利用IDAR模型诊断员工绩效问题的根源,并制订相应解决方案
团队效能提升规划	通过IDAR模型分析团队现状,识别改进机会,设计效能提升策略

续上表

应用场景	描述
组织变革管理	运用 IDAR 模型管理组织变革过程,确保变革目标的达成与员工行为和组织结果一致
员工满意度调查与改进	使用 IDAR 模型洞察员工需求,改善工作环境和福利,提升员工满意度和留任率
培训与发展规划	评估员工培训需求,基于 IDAR 模型洞察技能差距,制订培训内容和方式
人才招聘与选拔优化	借助 IDAR 模型分析候选人潜力、匹配度和预期表现,优化招聘决策
员工关系与文化建设	利用 IDAR 模型处理员工关系问题,塑造符合企业文化和价值观的工作环境
组织目标设定与追踪	通过 IDAR 模型协助设定组织目标,定期追踪评估,调整策略以保持与组织战略一致性

IDAR 的具体应用方式如下:

当 R(结果)出现问题时,HRBP 的逆向诊断分析需要更加系统和深入。以下是详细的思考和行动步骤,以帮助 HRBP 更全面地诊断问题并制订解决方案。

1. 思考步骤

(1)明确问题:

具体化问题:不仅要确定 R 有问题,还要明确具体是什么问题。例如,是销售额下降、员工离职率上升,还是客户满意度降低等。

定义成功标准:明确什么样的结果才算是成功,以便后续评估解决方案的有效性。

(2)收集数据：

定量数据：收集客观的、可衡量的数据，如销售额、绩效评分、离职率等。

定性数据：通过访谈、问卷调查等方式收集员工、客户和利益相关者的意见和反馈。

(3)建立假设：

分析数据：初步分析收集到的数据，寻找模式和趋势。

形成假设：基于数据分析，形成关于问题原因的初步假设。这些假设应该是可测试的，并且涵盖了可能的内部和外部因素。

2. 行动步骤

(1)逆向分析：

从 R 到 A：首先分析在行动层面是否出现了问题。比如，员工是否得到了适当的培训？他们是否有足够的资源来完成任务？团队之间的沟通是否畅通？等问题。

从 A 到 D：然后审查决策层面。目标是否明确且现实可行？策略选择是否基于充分的数据和分析？决策过程是否考虑了所有利益相关者的意见？

从 D 到 I：最后深入挖掘洞察层面。是否有足够的数据来支持决策？员工是否具备完成任务所需的技能和知识？组织文化是否鼓励创新和持续改进？

(2)验证假设：

进一步的数据收集：根据需要收集更多数据来验证或推翻初步假设。

实地调查：通过观察员工的工作情况、与客户和利益相关者的交流等方式,获取第一手资料。

(3)制订解决方案:

优先级排序:根据问题的重要性和紧急性,对可能的解决方案进行排序。

设计实验:为每个解决方案设计一个实验或试点项目,以便在全面实施之前评估其有效性。

(4)实施并监控:

协作与沟通:与相关部门和团队密切合作,确保解决方案的顺利实施。

持续监控:设立定期评估机制,跟踪解决方案的进展和效果。

(5)总结与反馈:

记录学习:记录整个过程中的关键发现、成功经验和失败教训。

反馈循环:将分析结果和解决方案的效果反馈给所有相关方,以便他们了解问题的本质和解决方案的进展。同时,鼓励他们提供反馈和建议,以便持续改进和优化解决方案。

通过这种详细且系统的逆向诊断分析方法,HRBP 可以更有效地识别 R 层面问题的根源,并制订出针对性强、实施性高的解决方案。

2.1.3　IDAR 模型的应用案例——诊断员工绩效低下问题

一、公司背景

某互联网公司的一个核心技术团队负责开发公司的旗舰产品。该团队在过去一年内绩效显著下滑,项目延期、代码质量下降和客户投诉增多。公司高层对此非常关注,要求 HRBP 介入诊断问题并提供解决方案。

二、IDAR 模型逆向分析

1. 结果(R)分析

具体表现:项目平均延期 20%,代码 bug 率上升 30%,客户满意度下降 15%。

初步评估:团队在按时交付高质量产品方面面临严重挑战,对公司声誉和业务发展造成负面影响。

2. 行动(A)审查

执行情况:团队成员普遍加班,但项目进度仍然滞后;团队内部沟通不畅,导致工作重复和效率低下;培训和发展机会有限,员工技能提升缓慢。

问题分析:团队可能缺乏有效的工作方法和协作机制,导致加班的工作无法转化为实际产出。此外,缺乏针对性的培训和发展计划可能限制了员工的能力提升和职业发展。

3. 决策(D)反思

目标设定:公司高层对团队的绩效目标设定过高,未充分考虑团队的实际能力和资源限制。

策略选择:之前采用的绩效提升策略(如加班、增加工作量)未能有效解决根本问题,反而可能导致员工疲惫和士气低落。

问题分析:不合理的目标设定和无效的绩效提升策略可能是导致团队绩效低下的重要原因。公司高层和 HRBP 需要重新评估目标设定和策略选择,确保它们与团队的实际能力和需求相匹配。

4. 洞察(I)深入挖掘

数据收集:HRBP 深入分析了团队的工作数据,包括工作量、工作时间、任务复杂度和员工技能水平等。数据显示，团队面临的任务复杂度较高，员工技能水平不足以应对挑战；同时，资源分配不均导致部分员工负担过重。

员工反馈：通过一对一访谈和匿名问卷，HRBP收集了员工对工作流程、项目管理、资源支持和职业发展等方面的看法。员工普遍反映项目管理不够透明，沟通不畅导致工作重复；同时，缺乏必要的培训和支持限制了他们的能力提升。

发现问题：综合数据分析和员工反馈，HRBP发现绩效低下的根本原因包括：任务复杂度与员工技能不匹配、资源分配不均、项目管理不透明以及缺乏有效的培训和支持。

三、综合分析与解决方案

问题根源：绩效低下的根本原因在于不合理的目标设定、无效的绩效提升策略、不透明的项目管理、资源分配不均以及缺乏针对性的培训和发展计划。

解决方案：

·重新设定合理的绩效目标，确保它们与团队的实际能力和资源相匹配。

·采用有效的绩效提升策略，如优化工作流程、引入敏捷开发方法、加强团队协作和沟通等。

·提高项目管理的透明度，建立清晰的责任分工和沟通机制，减少重复工作和浪费。

·优化资源分配，确保团队成员的工作量和难度相对均衡。

·制订针对性的培训和发展计划，提升员工的技能和知识水平，促进他们的职业发展。

·设立定期评估机制，持续监控团队绩效并收集员工反馈，以便及时调整策略和改进方案。

四、结论与展望

通过逆向运用 IDAR 模型，HRBP 能够深入诊断员工绩效低下的根本原因并制订相应的解决方案。这些措施有望帮助团队改善工作流程、提高协作效率、提升员工技能和满意度，从而实现绩效的显著提升。展望未来，公司需要持续关注团队绩效和员工发展，不断优化管理策略和培训计划，以确保团队能够持续为公司创造价值并保持竞争优势。

2.2 RIDE 模型：高效说服对方

在如今复杂且快速变化的商业环境中，HRBP 不仅要确保人力资源策略与公司的整体业务目标一致，还要帮助业务部门理解并执行这些策略。要做到这一点并不容易，因为 HRBP 需要面对各种各样的挑战，比如不同的利益相关者（如高层管理者、部门经理和员工等）和不断变化的业务需求。

在这种情况下，HRBP 如何清晰和有条理地表达自己的观点，并说服这些利益相关者共同行动，就显得尤为重要。这就像是在一个大型交响乐团中，HRBP 如同指挥家一样需要确保每个乐手都按照同一个乐谱演奏，这样才能演奏出和谐的音乐。

为了解决这个问题，RIDE 模型应运而生。

2.2.1 解读 RIDE 模型：说话的艺术

RIDE 模型是一个用于风险识别、利益分析、差异评估和影响预测的综合框架。它通过系统化的方法,帮助企业或组织理解和管理风险(risk),最大化风险管理的利益(interest),识别并缩小当前状态与目标状态之间的差异(difference),以及预测和应对风险事件对组织各方面产生的潜在影响(effect)。通过运用 RIDE 模型,企业或组织能够更有效地制订风险管理策略,优化资源配置,实现业务目标,并提升整体绩效。

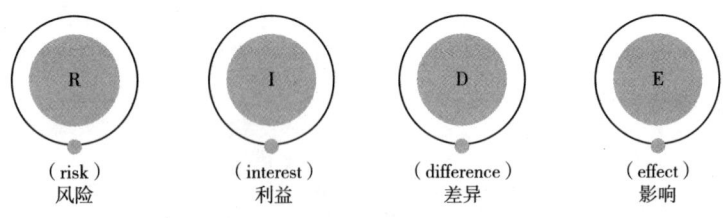

R	I	D	E
(risk)风险	(interest)利益	(difference)差异	(effect)影响

R(risk)风险:

风险指的是任何可能威胁到项目、组织或业务目标实现的潜在事件或条件。它可能来自内部或外部因素,包括技术风险、市场风险、财务风险和运营风险等。在 RIDE 模型中,对风险的识别、评估和管理是至关重要的,以便及时采取措施来降低或避免潜在的负面影响。

I(interest)利益:

利益指的是通过管理风险而获得的潜在好处或价值。这可以包括减少潜在的损失、提高业务效率、增强竞争优势和保护组织声誉等。在 RIDE 模型中,识别和管理风险不仅要关注避免损失,还要寻求创造和最大化利益的机会。

D(difference)差异:

差异指的是当前状态与期望状态或目标状态之间的差距。在风险管理领域,差异可以体现在多个层面,如实际风险水平与可接受风险水平之间的差异、当前绩效与目标绩效之间的差距等。通过分析和理解这些差异,组织可以更有效地调整其风险管理策略,以缩小这些差距并实现既定目标。

E(effect)影响:

影响指的是风险事件对组织目标、业务运营、财务状况、人员安全或声誉等方面产生的实际或潜在结果。这些影响可以是正面的(如通过抓住机遇获得增长),也可以是负面的(如由于未能有效管理风险而导致的损失)。在 RIDE 模型中,对影响的分析有助于组织更全面地了解风险事件的潜在后果,并据此制订适当的风险应对策略。

2.2.2 RIDE 模型实战:哪些场合它能大显身手

RIDE 模型主要应用在需要说服他人的场景中,特别是当对方已经有了初步决定,而你想改变他们的观点或行为时。具体来说,RIDE 模型适用于各种沟通和谈判场合,如商业洽谈、销售演示、项目管理、团队协作和公共政策推广等。在这些场景中,你可以利用 RIDE 模型来系统地分析风险、阐述利益、展示差异和说明影响,从而更有效地表达你的观点,说服对方接受你的建议或方案。

此外,RIDE 模型也适用于个人沟通和日常生活中的说服场景,如家庭决策、朋友间的争论、消费选择等。

需要注意的是,虽然 RIDE 模型是一种有用的工具,但它并不是万能的。在应用时,你需要根据具体情况灵活调整模型中的各个要素,并结合其他沟通技巧和策略,才能达到最佳的说服效果。

HRBP 如何运用 RIDE 模型完成有效的说服,最终确保工作或者项目质量呢?

1. 识别风险(risk)

HRBP应与项目经理紧密合作,参与项目启动会议,了解项目的目标、范围、时间表和关键里程碑;评估当前团队的人员构成、技能水平和经验,确认是否存在技能缺口或人员不足的情况;分析项目需求与组织文化之间的契合度,识别潜在的文化冲突或适应性问题;回顾过去类似项目的成功和失败案例,分析人员流动、绩效和满意度等关键指标的历史数据;利用HR分析工具和算法,构建预测模型,预测项目期间可能出现的人员风险,如员工的高离职风险、绩效不达标等。

> **案例**
>
> 某公司计划推出一个全新的产品线,HRBP通过深入剖析后发现,新项目需要的特定技能在当前团队中较为缺乏。此外,根据历史数据显示,过往的类似项目在关键阶段常因人员流失而耽误进度。基于这些分析,HRBP识别出技能缺口和人员流失为两大核心风险,并着手制订相应的风险应对策略。

2. 追求利益(interest)

HRBP应识别项目中的关键利益相关者(如项目经理、团队成员和高层管理者等),并分析他们的利益诉求和关注点;寻找和强调各方利益的共同点,确保所提议的解决方案能够满足多方的需求,实现共赢;对所提议的解决方案进行详细的成本效益分析,展示其在降低成本和提高效率等方面的价值;将解决方案与公司的长期战略目标和愿景相结合,说明其对推动公司整体发展的重要性。

针对上述识别出的技能缺口风险，HRBP 提议启动一项内部培训计划，以提升现有员工所需的关键技能。为了获得管理层的支持，HRBP 展示了培训计划如何降低外部招聘成本、提高员工满意度和绩效，同时与公司的长期人才培养战略相契合。通过这些展示，HRBP 成功地获得了管理层的认可和资金支持。

3. 明确差异（difference）

对项目或团队的当前状态进行全面评估，包括人员配置、技能水平、工作流程等方面；明确项目或团队的期望目标，如提高工作效率、减少错误率等；对比当前状态与期望目标之间的差距，识别出需要改进和提升的关键领域；将所提议的解决方案与其他可行方案进行对比分析，突出其独特性和创新性；详细阐述所提议解决方案的优势和潜在贡献，如更高的效率提升、更好的员工体验等。同时提供数据和实例支持这些优势的真实性和可持续性。

在上述内部培训计划的案例中，HRBP 通过对比分析发现，与外部招聘相比，内部培训在保持组织文化一致性、提高员工忠诚度和降低招聘成本方面具有明显优势。为了强调这些优势，HRBP 准备了一份详细的对比分析报告，其中包括了内部培训与外部招聘的成本对比、员工满意度调查数据以及行业内的最佳实践案例。这些数据和实例有效地支持了内部培训计划的优越性。

4. 说明影响（effect）

清晰阐述所提议方案对工作或项目质量的正面影响，如提高生产效率、减少错误和返工、增强客户满意度等，使用具体和量化的指标来描述这些影响的大小和范围；除了短期内的正面影响外，还要强调所提议方案的长期效益，如提升组织的学习能力、构建更强大的人才梯队等;引用过去公司内部实施类似方案的成功案例和数据,展示其在实际工作中的有效性和可行性,这可以增强说服力,让利益相关者更加信任所提议的方案;如果内部案例不足或缺乏相关性,可以引用外部行业内的成功案例或权威机构的研究报告来支持自己的观点。这些外部参考能够提供更广阔的视角和更具说服力的证据。

在推广内部培训计划时,HRBP 引用了公司内部之前成功实施的培训项目案例,展示了内部培训在提高员工绩效、降低离职率和增强团队凝聚力方面的显著成果。此外,HRBP 还引用了行业内的研究报告和数据,阐释了内部培训在提升组织竞争力和适应能力方面的长期效益。这些案例和数据为 HRBP 的说服工作提供了有力的支持,帮助管理层更全面地理解内部培训计划的潜在影响和价值。

2.2.3 RIDE 模型的应用案例——与公司决策层沟通

一、项目背景与前期准备

某大型公司正面临市场竞争加剧和内部运营效率下降的双重挑战。为了应对这些挑战,公司决策层发起了一项组织变革项目,旨在通过重组业务流程、优化组织结构和提升人员效能来实现公司的转型升级。作为 HRBP 的小张,被委任为该项目的主要推动者之一,负责与公司决策层进行深入沟通,确保项目的顺利推进。

在前期准备阶段,小张深入研究了公司的业务模式、组织结构、人员状况以及市场环境等关键因素,并与业务部门负责人进行了多轮沟通,充分了解了他们对于变革项目的期望和担忧。同时,小张还组织了一次小范围的员工座谈会,倾听了员工对于变革项目的看法和建议。

通过这些准备工作,小张识别出了项目推进过程中可能遇到的主要风险和挑战,并初步拟定了应对方案。接下来,小张打算利用 RIDE 模型与公司决策层进行沟通,以争取他们的全力支持。

二、应用 RIDE 模型与决策层沟通

1. 识别风险(risk)

在与公司决策层的交流中,小张首先详细介绍了变革项目可能面临的风险。这些风险包括业务中断、员工流失、成本增加、客户流失以及变革后的组织文化不适应等。为了提升决策层对风险的认识,小张呈交了一份全面的风险评估报告。报告详细列出了风险来源、影响程度、发生概率以及应对措施。

同时,小张还特意强调了这些风险的潜在性和可控性。他明确指出,只要采取恰当的措施,便能有效降低风险的发生概率及其影响。这一阐述使得决策层对项目的风险有了更为深刻和全面的理解。

2. 追求利益(interest)

在识别风险的基础上,小张进一步向决策层展示了变革项目所带来的利益。这些利益包括提高运营效率、降低成本、增强市场竞争力、提升客户满意度以及促进员工发展等。为了增强说服力,小张呈上了一份详细的商业计划书,其中详细列出了项目的预期目标、实施计划、投资回报率以及长期收益预测等内容。

同时,小张还结合公司的战略目标和市场趋势,阐述了变革项目对于公司未来发展的重要性。小张强调,只有通过组织变革,公司方能适应不断变化的市场环境,保持持续的竞争优势。这一部分的阐述,使得决策层对项目的价值有了更加清晰的认识。

3. 明确差异(difference)

为了突出变革项目的独特性和优势,小张对比了当前状态与变革后的预期状态之间的差异。小张详细描述了变革项目将如何改善公司的组织结构、优化人员配置、提升业务流程效率以及增强组织创新能力等方面的具体措施。同时，小张还结合行业内的最佳实践案例与竞争对手分析，展示了变革项目在市场上的领先地位和潜在优势。

为了让决策层更加直观地感受到这些差异，小张准备了一系列图表和案例，包括组织结构图、人员配置表、业务流程图以及成功案例等。这些资料帮助决策层更清晰地认识到变革项目的独特价值和优势所在。

4. 说明影响（effect）

在最后的部分，小张详细说明了项目实施后可能对公司产生的影响。这些影响包括提升公司形象、增强员工凝聚力、提高客户满意度以及拓展市场份额等多个方面。为了进一步加强其说服力，小张呈上了一份详细的影响评估报告，其中列出了影响来源、影响程度以及持续时间等信息。

同时，小张还结合公司的实际情况和市场环境，阐述了变革项目对于公司未来发展的战略意义。小张指出，变革项目将为公司带来新的发展机遇和挑战，需要全体员工的共同努力和支持。通过这一部分的阐述，决策层对项目实施后可能带来的广泛影响有了更为全面和深入的理解。

三、沟通结果与项目推进

通过运用 RIDE 模型与公司决策层进行沟通，小张成功地获得了他们对于组织变革项目的全力支持。决策层对项目的风险和利益有了更加清晰的认识，对项目的独特性和优势也有了更深入的了解。同时，他们也对于项目实施后可能产生的影响表示了高度期待和信心。

在项目推进过程中,小张持续跟踪项目进展并与决策层保持定期沟通。每当遇到关键节点或重大问题时,小张都会及时向他们汇报并提供解决方案。通过共同努力和协作,该项目团队成功地克服了各种困难和挑战,确保了项目的顺利推进。最终,变革项目取得了显著成果,公司的运营效率、市场竞争力以及员工满意度等方面都得到了大幅提升。

2.3 FIRST 模型:解锁反馈式辅导的潜力与价值

在日常工作中,HRBP 面临着众多挑战,其中之一便是如何给予员工有效且富有建设性的反馈。这不仅要求 HRBP 具备敏锐的洞察力和判断力,更需要他们掌握一种系统、有条理的沟通方式。然而,这并非易事,很多时候,即使经验丰富的 HRBP 也可能在沟通中感到力不从心。

幸运的是,FIRST 模型为我们提供了一种全新的解决方案。作为一种结构化和系统性的反馈工具,FIRST 模型能够帮助 HRBP 更加清晰、有条理地表达自己的观点和建议,使员工更容易理解和接受。通过明确事实、阐述影响、挖掘原因、提出解决方案以及分享实用技巧,FIRST 模型不仅使反馈更具针对性和可操作性,还能够有效提升员工的自我认知和改进意愿。

2.3.1 FIRST 模型:了解它,让你的辅导更高效

FIRST 模型是一个结构化和系统性的反馈式辅导框架,目的是帮助导师或领导者为被辅导者提供清晰、具体且有效的反馈。该模

型通过五个核心步骤,确保反馈流程兼具深度和广度,以此推进个人和团队的发展。

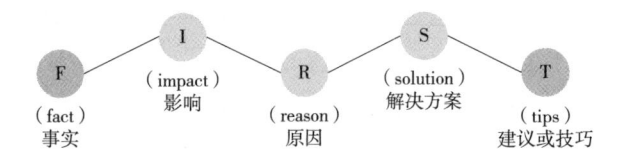

```
F          I           R         S          T
(fact)  (impact)   (reason) (solution)  (tips)
事实      影响        原因      解决方案   建议或技巧
```

F(fact)事实:

在这一步骤中,需要收集并陈述与被辅导者相关的客观、可衡量的事实或数据。这些事实应该是具体、明确且不带个人情绪的,以确保反馈的公正性和准确性。例如,可以提及被辅导者在某个项目中的具体表现、完成任务的时间等。

I(impact)影响:

在确定了事实之后,需要分析这些事实对被辅导者、团队或组织产生的实际影响。这种影响可能是正面的,也可能是负面的。通过明确指出影响,使被辅导者能够更好地理解自己行为或表现的重要性,并意识到改进的必要性。

R(reason)原因:

在这一步骤中,需要与被辅导者一起深入探讨导致事实和影响产生的根本原因。这可能需要双方共同分析工作流程、个人技能、态度和资源等多个方面。通过找出问题的根源,可以为制订针对性的解决方案提供有力支持。

S(solution)解决方案:

在明确了原因之后,需要与被辅导者共同制订具体、可行的解决方案。这些解决方案应该针对已找到的问题根源,旨在消除或减轻不良影响,并提升被辅导者未来的表现。解决方案可能包括培训、资源调整、工作流程优化等多种措施。

T(tips)建议或技巧：

最后，可以为被辅导者提供一些实用的建议、技巧或方法，以帮助他们更好地实施解决方案并应对未来可能遇到的类似挑战。这些建议可能涉及时间管理、沟通技巧、团队协作等多个方面，旨在提升被辅导者的整体能力和职业素养。

2.3.2　FIRST 模型实战：哪些场景最适合应用

FIRST 模型在 HRBP 的工作中有多个应用场景。以下是几个常见的场景：

（1）员工绩效评估与反馈：在绩效评估过程中，HRBP 可以使用 FIRST 模型为员工提供结构化、具体化的反馈，帮助员工了解自己的工作表现、识别改进领域，并制订个人发展计划。

（2）领导力发展与辅导：针对公司内部的领导者或高潜力员工，HRBP 可以利用 FIRST 模型进行领导力辅导，通过明确事实、分析影响、探讨原因、提出解决方案和给予技巧指导，来提升他们的领导效能和团队管理能力。

（3）冲突解决与团队调解：当团队内部出现冲突或合作问题时，HRBP 可以运用 FIRST 模型进行调解和辅导，帮助相关方澄清事实、理解各自的影响和需要，寻找冲突的根本原因，并共同制订解决方案。

（4）职业发展规划与指导：在员工职业发展规划中，HRBP 可以使用 FIRST 模型为员工提供个性化的反馈和指导，帮助他们认清自己的优势和弱点，明确职业目标，并制订实现这些目标的行动计划。

（5）培训效果评估与改进：在组织内部培训后，HRBP可以利用FIRST模型评估培训效果，收集员工对培训内容的反馈，分析培训的实际影响，探讨改进培训效果的原因，并提出具体的解决方案和改进建议。

在应用FIRST模型时，首先需要明确辅导的目标和被辅导者的具体情况，以确保反馈的针对性和有效性。以下是FIRST模型应用的具体步骤：

1. 收集并陈述事实（fact）

步骤：

（1）数据收集：首先，HRBP需要从多个来源（如绩效评估、同事反馈和项目报告等）收集关于被辅导者的具体数据和信息。

（2）信息整理：将收集到的数据进行整理，筛选出与被辅导者工作表现直接相关、客观可衡量的事实。

（3）事实陈述：在反馈会议中，HRBP清晰、具体地陈述这些事实，确保被辅导者能够准确理解。

> **案例**
>
> 在过去的季度中，你负责的项目有三次未能按时交付。这是根据项目管理系统的记录和同事的反馈得出的结论。

2. 分析并讨论影响（impact）

步骤：

（1）影响识别：与被辅导者一起讨论上述事实对工作团队、客户或整个组织产生的具体影响。

(2)情感共鸣:理解被辅导者可能因此产生的情绪,并表达出共鸣和理解。

> **案例**
>
> 项目未能按时交付可能会降低客户满意度,为此团队其他成员就需要额外加班以弥补进度。我理解这可能会让你感到挫败感和压力。

3. 探究原因(reason)

步骤:

(1)开放式提问:通过开放式问题引导被辅导者深入思考问题的根本原因。

(2)共同分析:与被辅导者一起分析各种可能的原因,包括技能匮乏、资源分配不足和工作流程中存在的漏洞等。

> **案例**
>
> 你认为项目未能按时交付的主要原因是什么?是资源分配不足,还是工作流程存在问题?我们可以一起分析,并找出解决方案。

4. 制订解决方案(solution)

步骤:

(1)目标设定:明确需要改进的具体目标和期望达到的标准。

(2)方案制订:与被辅导者一起制订具体、可行的行动计划,包括培训、资源调整、工作流程优化等。

> **案例**
>
> 为了确保项目能够按时交付,我们可以考虑优化工作流程,提前进行资源规划。同时,我也建议你参加相关的项目管理培训,提升项目管理能力。

5. 提供建议或技巧(tips)

步骤:

(1)经验分享:根据导师的经验和行业最佳实践,提供实用的建议和技巧。

(2)持续支持:鼓励被辅导者在实施过程中遇到问题时及时寻求帮助。

> **案例**
>
> 在项目管理过程中,你可以尝试使用甘特图来规划项目进度,确保各项任务能够按时完成。同时,记得定期与团队成员沟通项目进展,及时发现问题并解决。

通过以上详细的步骤和示例学习,HRBP可以更加具体、深入地应用FIRST模型进行反馈式辅导,帮助员工识别问题、找出解决方案,并实现个人和团队的持续改进和发展。

在应用FIRST模型时,还需要注意以下几点:

· 保持开放和尊重的态度,与被辅导者建立信任和合作关系。

· 鼓励被辅导者积极参与和反馈,确保他们的意见和想法被充分聆听和理解。

· 根据被辅导者的具体情况和需求,灵活调整FIRST模型的步骤和内容。

2.3.3 FIRST 模型的应用案例——员工绩效反馈

一、背景

在某互联网公司,HRBP 小玲负责为研发团队提供人力资源支持。近期,她需要为团队成员小李提供绩效反馈,以帮助他在接下来的工作中做出改进。小李是一名软件工程师,入职一年,近期在项目交付和团队协作方面出现了一些问题。

二、应用 FIRST 模型进行绩效反馈

1. 事实(fact)

小玲首先收集了小李的工作数据和相关反馈。她发现,在过去的季度中,小李负责的两个关键模块均未能按时交付,且存在多次代码质量不达标的情况。此外,她还从其他团队成员处了解到,小李在协作过程中存在沟通不畅的问题,经常导致信息传递延误。

反馈会议中:

小玲:"小李,根据你的工作记录和同事的反馈,我注意到在过去的季度中,你负责的两个模块都未能按时交付,代码质量也存在一些问题。此外,团队中有的同事也反映,在与你协作时沟通不太顺畅。"

2. 影响(impact)

小玲与小李一起讨论了这些问题对团队和项目的影响。

小玲:"这些延误和质量问题可能对项目的整体进度和客户满意度产生了负面影响。同时,沟通不畅也可能导致团队其他成员需要花费额外的时间和精力来弥补信息缺失。"

小李表示认同,并表达了想要改进的意愿。

3. 原因(reason)

小玲通过开放式提问引导小李深入思考问题的根本原因。

小玲:"你觉得导致这些问题出现的主要原因是什么？是技能匮乏、时间管理不当,还是其他方面的原因？"

小李经过反思后表示,他在时间管理和任务优先级划分方面存在问题,同时也承认自己在与团队成员沟通时缺乏耐心和技巧。

4. 解决方案(solution)

小玲与小李一起制订了具体的改进计划。首先,小李将参加公司提供的时间管理和沟通技巧培训,以提升这两方面的能力;其次,团队将一起优化工作流程,确保任务分配更加合理和明确;最后,小李承诺在未来的工作中更加注重代码质量,并积极参与团队代码审查活动。

5. 技巧或建议(tips)

小玲根据自己的经验和行业最佳实践,为小李提供了一些实用的建议和技巧。她鼓励小李在工作中尝试使用番茄工作法来提高专注力和工作效率,并建议他在与团队成员沟通时多采用主动倾听和开放式提问的方式。

三、总结

通过这次应用FIRST模型的绩效反馈会议,小李对自己的工作表现有了更加清晰的认识,并制订了具体的改进计划。小玲作为HRBP,不仅提供了结构化的反馈框架,还给予了小李必要的支持和指导。她将继续关注小李的改进进展,并在需要时提供进一步的帮助和支持。

2.4 KISS模型：让你的复盘更接地气

在工作、学习和生活中，复盘这个概念经常出现。复盘可以帮助人们更好地认识自己，发现自己的不足，从而更好地提升自己的能力和水平。

那么，什么是复盘呢？简单通俗来讲，复盘是指对某个已完成的事件或过程进行回顾、总结和分析，以便从中找出存在的问题、发现优点并积累有益的经验。

孔子曾说："温故而知新，可以为师矣。"企业家柳传志说："复盘是总结的一种方法，通过复盘可以找出成功的经验、失败的原因、问题的症结，从而帮助我们更好地面对未来。"这些都是对于复盘价值的肯定。

HRBP如果掌握了复盘的能力和相应的工具，就可以有效识别管理中的漏洞和不足，并采取有效的措施加以改进，从而提升企业的整体管理水平。此外，复盘还能助力企业不断挖掘并解决现有流程的问题，为企业的创新发展开辟更多的可能性。通过对工作或者项目的复盘，HRBP还能发现升级点，进而通过PDCA循环，不断提高工作和项目的质量，提升组织绩效。

下面我结合自己多年组织复盘的实践经验，给大家分享一个对项目管理和团队管理都非常有价值的复盘模型：KISS模型。

2.4.1 解读KISS模型

KISS模型是一种科学的项目复盘方法，能够把过往的经验转化为实践能力,从而有助于下一个项目更好地展开。通过这种方式,个人和团队的能力可以得到不断提升,进而持续满足岗位需求和达成目标。

KISS 由四个英文单词组成:keep(保持)、improve(改进)、stop(停止)、start(开始)四个部分。

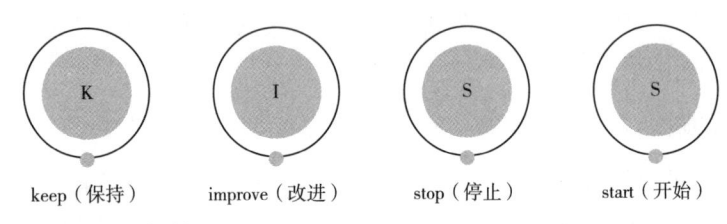

keep(保持)　　improve(改进)　　stop(停止)　　start(开始)

1. keep(保持)

回顾过去的表现,识别出成功的因素和需要改进的方面,从而为未来的行动提供指导。具体而言,我们需要思考以下问题:

(1)在过去,哪些措施为客户创造了较好的价值?

(2)在过去,哪些措施为业务创造了较好的价值?

(3)在过去,哪些措施为团队创造了较好的价值?

(4)面向未来,我们如何能够进一步创造价值?

解答前三个看似简单的问题,可以从以下这些方面思考:产品或服务的特点和优势;与客户或团队的沟通和协作方式、项目管理和执行的方式、团队成员的分工和协作方式、其他能够为客户、业务或团队创造价值的措施。

第四个问题可以从以下几个方面考虑:不断优化产品或服务的特点和优势,以满足客户不断变化的需求;加强与客户或团队的沟通和协作,从而建立更加紧密的关系;采用更加高效和科学的项目管理和执行方式以提高工作效率;优化团队成员的分工和协作方式以提高团队整体效能;探索新的领域和机会进而开拓新的市场。

> **案例**
>
> 如果我们在以往的客户活动中通过社交媒体来推广产品,并且发现这种策略能够吸引更多的潜在客户,那么在未来的客户活动中,我们将继续通过社交媒体来推广产品,并沿用这个成功的策略。这有助于我们进一步提高客户转化率,从而实现更好的客户价值。
>
> 此外,我们还可以思考如何在现有的成功策略基础上进行创新,以进一步创造价值。例如,我们可能会尝试运用更先进的社交媒体工具或平台,或者结合其他营销手段来提高推广效率,从而创造更多的客户价值。

2. improve(改进)

回顾自己在之前的项目或活动中,有哪些地方做得不够好或者结果令人不满意,需要制订改进计划。具体而言,我们需要思考以下几个问题:

(1)在过去的目标实现中,哪些措施导致出现了不满意的地方?

(2)当初的假设与实际情况之间有何差异?

(3)这些差异对业务、客户和团队造成了什么影响?

(4)我们采取了哪些措施来应对这些影响?

(5)在下次遇到相同情况时,我们如何做到更好?

下面是可以更好地解答上面这些问题的一些思路,供大家参考。

(1)回答第一个问题的思考方向:

a. 回顾项目或活动过程中客户、业务和团队的表现和反馈,并分析实际成果与目标之间的差距。

b. 分析目标设定、计划、执行、监控和评估等环节中存在的问题和不足。

c. 识别出导致出现不满意结果的具体问题,例如市场营销策略失败、客户服务不到位和团队协作不畅等。

(2)回答第二个问题的思考方向:

a. 比较项目或活动开始时设定的假设和目标与实际情况之间的差异,例如市场反馈、竞争压力和客户需求等。

b. 分析导致差异的原因,例如市场变化、竞争对手的行动和资源限制等。

c. 总结在实际操作中遇到的问题和挑战,以及与预期不符的方面。

(3)回答第三个问题的思考方向:

a. 分析差异对业务的影响,例如收入、利润、市场份额等。

b. 关注客户反馈和需求,分析差异对客户的影响,例如客户满意度、忠诚度和口碑等。

c. 评估团队成员的表现和协作情况,分析差异对团队的影响,例如团队士气、效率、协作等。

(4)回答第四个问题的思考方向:

a. 针对业务、客户和团队受到的影响,制订具体的应对措施,例如调整营销策略、加强客户服务、优化流程、加强培训等。

b. 评估措施的有效性和实施效果,及时调整和改进应对措施。

c. 总结应对措施的经验教训,以便在未来遇到类似问题时更好地应对。

(5)回答第五个问题的思考方向:

a. 基于本次复盘的经验教训,优化目标和计划设定、执行、监控和评估的流程和方法。

b. 增强对市场、客户需求和团队情况的敏感度和应对能力,以便在问题出现时及时采取措施。

c. 鼓励团队学习和创新,不断探索和尝试新的方法和策略,以提高整体表现和竞争力。

案例

在过去的促销活动中,我们采取了多种营销策略,例如发放优惠券、推出折扣活动及进行广告投放等,但这些策略并没有达到预期的销售额和转化率。当初的假设是优惠券和折扣能够吸引更多用户购买,但实际情况是优惠力度不大或者用户认为产品价格过高,而导致销售额和转化率没有达到预期。

这些差异对业务和客户造成了多方面的影响:业务方面,我们的销售额和转化率没有达到预期,导致公司收入减少;客户方面,优惠力度不大导致用户购买欲望降低,转化率下降。我们采取了多种措施来应对这些影响,例如重新评估产品定价、优化广告投放策略、加强售后服务等。最终,我们发现重新调整优惠券和折扣力度后,销售额和转化率得到了有效的提升。

在后续遇到类似情况时,我们将更加关注客户反馈和市场需求,制订更符合实际情况的营销策略和计划,例如针对不同用户群体制订不同的优惠策略、加强线上线下的宣传推广等,以提升销售额和转化率。

3. stop(停止)

回顾本周期内哪些措施被证明是对整体目标不利的,需要停止的。具体而言,需要回答下面五个问题:

(1)哪些措施是无效的,需要停止的?

(2)实际情况和当初的假设有何差异?

(3)对业务/客户造成了怎样的影响?

(4)是如何应对的?

(5)如何避免同样的问题再次发生?为了更好地解答上面的五个问题,我们可以按照一定步骤展开如下思考:第一步通过最终的结果来审视和定位无效措施;第二步回顾在实施某些措施时我们的假设和预期,但实际情况和我们的假设存在差异;第三步评估这些差异对业务和客户造成了怎样的影响;第四步描述如何应对这些影响,在发现这些影响后,我们需要采取哪些措施来应对;第五步构思如何避免同样的问题再次发生,这些新的措施要进行反复论证,避免再次出现最初那种无效的状态。

> **案例**
>
> 假设某公司在本周期内推出了一款新产品,并采取了一些市场营销策略来推广这款产品。然而,实施后发现新产品的销售额和转化率并没有达到预期,甚至对整体目标产生了不利的影响。针对这个情况,我们可以进行如下的复盘:
>
> 在本周期内,公司推出了一款新产品,并采取了一些市场营销策略来推广这款产品。然而,实施后发现新产品的销售额和转化率并没有达到预期,因此需要停止这些推广策略。在实施

市场营销策略时,公司假设新产品的独特卖点能够吸引客户的关注,并且通过优惠券和折扣能够提高销售额。然而,实际情况是客户并不认为新产品具有足够的独特卖点,并且优惠券和折扣的效果也不理想。

这些差异对业务和客户都造成了一定的影响。新产品的销售额和转化率没有达到预期,导致公司收入减少。同时,客户对新产品的负面反馈也会影响客户满意度和忠诚度。

在发现这些影响后,公司立即停止了新产品的推广和销售,并开始优化原有产品的性能和用户体验,以提高客户满意度和忠诚度。此外,公司还重新评估了市场调研和客户反馈,以找出新产品的不足之处。

为了避免同样的问题再次发生,公司加强了市场调研和客户反馈的收集和分析,并制订更加灵活和适应性强的计划和策略。同时,公司也提高了团队的应变能力和创新能力,以更好地适应市场和客户需求的变化。通过这些措施的实施,公司可以避免同样的问题再次发生,并提高整体业务绩效和客户的体验。

4. start(开始)

回顾本周期的工作和计划、当初没有实施的原因、现在的情况和变化以及预期的收获和影响。这些策略的实施将对业务、客户和团队带来积极的影响和收获。具体而言,需要重点回答下面四个问题:

(1)哪些策略是本周期没有实施,在下个周期需要开始执行的?

(2)当初没有执行的原因是什么?

(3) 现在是什么改变了？

(4) 对业务/客户预期会带来什么收获？

为了更好地解决上面的四个问题，可以从以下几个方向进行思考：回顾本周期的工作和计划，分析哪些方面没有执行，同时确定在下个周期需要开始执行的策略；分析当初没有执行这些策略的原因。这可能需要从资源限制、市场变化、竞争压力等方面进行考虑；分析现在的情况和变化，这可能需要从市场变化、客户需求变化、团队成长等方面进行考虑；评估这些策略对业务和客户预期会带来什么收获，这可能需要从销售额增长、客户忠诚度提高、团队绩效提升等方面进行考虑。

在回答这些问题时，建议结合实际情况进行思考和分析，并制订出具体的计划和策略，以便在下个周期开始执行。同时，还需要对预期的收获和影响进行评估和监控，以确保执行的效果和价值。

案例

在本周期内，我们计划执行一系列的市场营销策略，包括推出新的宣传广告、通过社交媒体推广、优化网站用户体验等。然而，由于资源限制和市场变化，我们只执行了其中的一部分策略，并没有实现我们预期的销售增长和转化率提升。

当初没有执行这些策略的原因是因为资源有限，我们只能优先处理一些紧急的任务，而将一些改进措施推迟到下个周期执行。此外，市场变化也可能是一个原因，因为我们发现竞争对手也在加强市场营销和推广，导致市场竞争更加激烈。

现在，市场变化和客户需求变化可能会导致需要重新评估我们的市场营销策略和计划。我们可能要加强社交媒体推广和创新营销方式以吸引更多的年轻用户;可能要加强品牌推广和提升品牌认知度,以提高转化率和销售额;可能要优化网站用户体验和提升网站转化率,以提高客户满意度和忠诚度。

预期的收获和影响可能包括:提高销售额和客户忠诚度、提升品牌知名度和形象、提高团队凝聚力和效率、促进创新和市场差异化等。

2.4.2 KISS 模型实战:哪些场景最适合使用

作为 HRBP,在复盘过程中,你一定不能成为局外人或者旁听者,而要成为提问者。简而言之,你作为 HRBP,就自然地成了复盘过程中的引导者,要通过提问的形式不断探寻问题的本质,最终挖掘出隐藏在浅层复盘之下的深层次宝贵经验。

有提问者,自然就有被提问者。在复盘过程中,员工就是被提问者。被提问自然就会带来一定的压力和不适感,所以复盘引导者在开始复盘之前一定要先做"破冰"。

这个"破冰",就是要告知参与复盘的所有人,今天你的身份是提问者,在复盘过程中他们会不断地、反复地被提问,要让参与复盘的人员提前做好心理准备,突然被提问时措手不及。

提问者除了在复盘开始时做好"破冰"外,还需要掌握一定的提问技巧和策略,主要包括"学会追问""学会用 why 提问"和"学会用 what 来提问"这三个方面。

1. 学会追问

学会追问可以帮助我们进一步明确问题的本质,引导回答者更加深入地思考,从而发现更多细节和潜在的问题。具体而言,追问可以促进回答者提供更多的数据和信息支持,澄清其观点和想法,以及指出其他可能被忽略的重要因素。通过追问,我们可以更好地解决问题。

> **案例**
>
> 假设某个团队在复盘市场推广活动时,发现广告投放的效果不佳。如果仅仅停留在"广告投放的效果不佳"这个层面上,我们可能无法深入了解问题的本质。然而,通过追问,我们可以让回答者提供更多的信息和细节,从而发现更多潜在的问题。比如,可以追问:"您认为效果不佳的原因是什么?是否有更多的细节或者数据可以支持这个结论?"这样可以引导回答者思考并指出更多可能影响广告投放效果的因素,如广告素材的质量、广告投放的渠道和时段、目标受众的精准度等。

2. 学会用 why 提问

复盘中,用 why 提问可以帮助我们探究问题的深层次原因,进而帮助我们找到根本的解决方案。

> **案例**
>
> 假设某个团队在复盘某个项目的进度延误时,发现是由于某个关键成员在项目中遇到了技术难题,导致项目进度延误。如果仅仅停留在"某个关键成员遇到技术难题导致项目进度

延误"这个层面上,我们可能发现不了问题的更深层原因。这时,我们可以用 why 来提问,比如,"为什么这个成员会遇到技术难题?是因为他缺乏足够的技能和知识吗?还是因为项目规划初期没有考虑到相关的问题?"这样可以引导回答者思考并指出可能被忽略的原因,从而找到根本的解决方案。

3. 学会用 what 提问

学会用 what 来提问,可以帮助我们探讨未来的发展方向和策略,从而为未来的发展提供有益的建议和思路。

案例

假设某个团队在复盘某个产品的开发项目时,发现产品的功能和质量方面都得到了用户的认可,但是在用户体验方面还有提升的空间。如果仅仅停留在"产品的功能和质量方面得到了用户的认可"这个层面上,我们可能无法深入了解问题的本质,也无法为未来的发展提供有益的建议和思路。但是,通过用 what 提问,可以引导回答者思考未来的发展方向和可能的解决方案。比如,我们可以这样提问:"您认为未来的发展方向应该是什么?在提升用户检验方面,我们有哪些可能的改进措施?是否有其他类似的成功经验可以借鉴?"这样可以引导回答者思考未来的发展方向和可能的解决方案,从而为未来的发展提供有益的建议和思路。

2.4.3 KISS 模型的应用案例——电商市场营销活动复盘

假设我们是一家电商公司的市场部门,现在需要对上一个季度的市场营销活动进行复盘。

1. keep(可以保持的):

在这个季度中我们成功地推出了一个新的促销活动,吸引了很多新客户。这个活动的成功得益于我们前期的市场调研和策划,同时也因为得到了公司其他部门的支持和配合。我们应该继续保持这种创新和合作的精神,为未来的市场营销活动做好准备。

同时,我们与一些合作伙伴也进行了联合推广,取得了不错的效果。我们应该继续与这些合作伙伴保持联系,共同探索更多的合作机会,并在合作中不断优化我们的市场营销策略。

2. improve(后续需要改进的):

在这个季度中,我们的广告投放效果并不理想。我们应该进一步研究广告投放的策略和技巧,提高广告的点击率和转化率。同时,我们也应该更加关注广告的内容和质量,确保广告能够真正吸引目标客户。具体来说,我们可以在未来的市场营销活动中加强广告创意和内容的优化,提高广告的质量和吸引力。

在这个季度中,我们的社交媒体营销效果也不够理想。我们应该进一步研究社交媒体的特点和用户行为,制订更加精准的社交媒体营销策略,并加强与用户的互动和沟通。具体来说,我们可以在未来的市场营销活动中加强社交媒体的内容和互动性,提高用户的参与度和忠诚度。

3. stop(停止):

在这个季度中,我们尝试了一些新的市场营销方式,但效果并不明显。我们应该停止这些不成功的尝试,把精力集中在那些已经证明有效的市场营销方式上。具体来说,我们可以在未来的市场营销活动中加强对现有市场营销方式的研究和总结,避免盲目尝试新的市场营销方式。

在这个季度中,我们投入了大量时间和资源进行市场调研和数据分析,但结果并不理想。我们应该停止这种过度依赖数据分析的方式,更多地依靠实践和经验来制订市场营销策略。具体来说,我们可以在未来的市场营销活动中加强对实践和经验的总结和应用。

4. start(开始):

在这个季度中,我们没有充分利用公司内部资源和团队协作的优势,导致一些市场营销活动的执行效果不佳。为了提高市场营销活动的执行效率和效果,我们应该开始注重内部资源的整合和团队协作的优化。具体来说,我们可以采取以下措施:

加强内部资源整合:我们需要对公司内部的各个部门进行梳理,明确各自的职责和优势,并将其整合起来,形成一个有机的整体。例如,可以将市场部门、销售部门和客服部门等进行协同配合,共同制订市场营销策略,并在执行过程中相互支持和协调。

提高团队协作效率:我们需要加强团队协作的培训和管理,提高团队成员之间的沟通和协作能力。例如,可以定期组织团队建设活动、分享会等,增强团队凝聚力和合作精神。

建立有效的沟通机制:我们需要建立一个有效的信息共享和沟通机制,确保各部门之间能够及时了解彼此的工作进展和需求。例如,可以建立一个在线协作平台或者项目管理工具,让团队成员可以随时查看项目进展情况和相关信息。

法无定法,KISS 模型也只是给大家提供了一套有效的复盘工具,只有我们在实际工作中不断探索、深入探究表象之下的底层问题,才能真正做好复盘,才能给业务、组织、团队和自己带来价值。

2.5　GAPS 模型:成为战略型 HRBP 的必备模型

HRBP 在从事务型向战略型转型时,确实需要跨越一些难关。以前,HRBP 可能更多是埋头处理员工档案、考勤和薪资这些"细枝末节"的工作,现在则需要抬起头,放眼整个公司的战略发展,思考人力资源工作如何助力业务腾飞。这种从微观到宏观的转变,对 HRBP 来说是个不小的考验。

这时候,GAPS 模型就像一盏明灯,为 HRBP 照亮了前行的道路。它让 HRBP 先明确目标(goal),比如提升员工满意度、降低流失率等;再分析现状(analyze),审视目前员工队伍的结构、能力和士气如何;接着探寻问题(problem),找出导致现状不理想的根本原因;最后提出解决方案(solution),制订一系列针对性强、可操作的人力资源策略。

有了 GAPS 模型这个"得力助手",HRBP 就能更加有条不紊地应对转型过程中的各种挑战,真正成为公司的战略合作伙伴,为公司的发展贡献自己的智慧和力量。所以,对于想要转型的 HRBP 来说,学习和掌握 GAPS 模型无疑是一条有效的捷径。

2.5.1　揭秘 GAPS 模型

GAPS 模型是一种帮助企业从业务目标出发,分析现状,找出差距并确定解决方案的模型。GAPS 是 goal(目标)、analyze(分析)、problem(问题)、solution(解决方案)的简写,通过这四个阶段,企业可以实现学习与业务需求的成功联系。

在 GAPS 模型中,首先明确业务目标和绩效目标,然后分析组织业务现状与员工绩效现状,找出目标和结果之间的差距。接着对目标与现状之间的差距进行分析,找出其中存在的主要原因。最后根据原因分析,选择相应的解决方案来消除差距。

此外,GAPS 模型还关注并深入了解要实现业务目标所面对的员工群体,以及当前业务差距具体是由员工群体的哪些绩效行为未达到预期而导致的。这既可以帮助 HRBP 建立业务与组织人员之间的关联,又可以清晰定义组织人员的绩效行为应该如何变化。同时,GAPS 模型还把"组织外部因素"单列出来,以提醒 HRBP 时刻牢记外部环境变化对系统的影响。

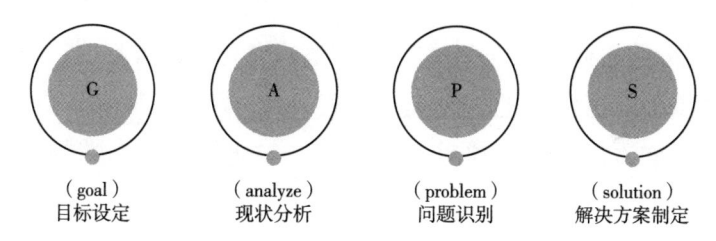

G	A	P	S
（goal） 目标设定	（analyze） 现状分析	（problem） 问题识别	（solution） 解决方案制定

1. G(goal)目标设定

在这一阶段,HRBP 与业务领导者紧密合作,明确组织的业务目标和期望的绩效成果。这些目标应该是具体、可衡量且与组织整体战略相一致的。通过明确目标,HRBP 能够确保人力资源策略与组织需求紧密相连。

2. A(analyze)现状分析

在这一阶段,HRBP 对组织的当前业务状况和员工绩效进行全面分析。这包括评估现有的人力资源、组织结构、文化氛围以及员工的技能、知识和态度等方面。通过数据收集、访谈和调研等手段，HRBP能够深入了解组织的优势和挑战，以及员工绩效与业务目标之间的差距。

3. P(problem)问题识别

在这一阶段，HRBP识别出阻碍组织实现业务目标的关键问题和挑战。这些问题可能涉及人力资源配置、员工发展、激励机制、组织流程或沟通协作等方面。通过准确识别问题，HRBP能够为制订针对性的解决方案提供有力支持。

4. S(solution)制订解决方案

在这一阶段，HRBP根据问题识别的结果，制订具体的解决方案和行动计划。这些解决方案可能包括招聘与选拔策略、培训计划、绩效管理体系改进、组织结构调整或文化建设措施等。HRBP需要与业务领导者和其他关键利益相关者共同协作，确保解决方案的有效实施，并持续监控和评估其效果，以便根据需要进行调整和优化。

2.5.2　GAPS模型怎么用？

GAPS模型帮助HRBP更加系统和有针对性地应对各种人力资源管理挑战，推动组织的持续发展和成功。

场　　景	描　　述
组织变革管理	当组织面临重大变革(如合并、收购和重组等)时，需要确保员工理解、接受并支持变革
绩效管理优化	当组织发现员工绩效未达到预期时，需要找出原因并采取措施进行改进

续上表

场　　景	描　　述
人才招聘与选拔	当组织需要招聘或选拔关键岗位人才时,需要确保选到的人选与组织需求和文化相契合
员工培训与发展	当组织需要提升员工能力、培养未来领导者或推动组织学习时,需要设计有针对性的培训项目
组织文化建设	当组织需要塑造或强化特定的组织文化时,需要确保员工的价值观和行为与组织文化相一致

HRBP 如何运用 GAPS 模型帮助企业解决具体问题呢?具体可分为六步。

第一步:界定目标(goal)

(1)业务目标:HRBP 与业务部门紧密合作,明确企业在具体问题上想要达到的业务目标。这些目标应该与企业的整体战略和业务发展计划相一致。

> **案例**
>
> 问题:员工流失率较高,特别是中层管理岗位和技术岗位。
>
> 业务目标:稳定中层管理团队和技术团队,确保关键岗位的人员稳定和业务连续性。通过降低流失率,减少招聘和培训成本,提高团队整体绩效。

(2)绩效目标:除了业务目标外,还需要设定具体的绩效目标来衡量解决方案是否成功。这些目标应该是可量化的,以便后续评估。

> **案例**
>
> 绩效目标:在未来六个月内,将中层管理岗位和技术岗位的

员工流失率分别降低至15%和10%以下。同时,提升员工满意度至少10个百分点,并确保关键绩效指标(KPIs)达到或超过预定目标。

第二步:分析现状(analyze)

(1)业务现状:HRBP需要全面了解当前的业务状况,包括市场环境、竞争对手情况、客户需求以及企业内部运营状况等。这些信息有助于更好地理解员工流失问题的背景和潜在影响。

案例

市场环境:行业竞争激烈,对人才的需求和争夺日益加剧。

客户需求:客户对产品质量和服务水平的要求不断提高,需要企业具备稳定的团队和高效的运营。

(2)绩效现状:除了业务现状外,还需要对当前的绩效状况进行深入分析。这包括员工流失率、满意度、工作效率、质量指标等方面的数据。

案例

员工流失率:中层管理岗位和技术岗位的员工流失率分别高达25%和20%,远高于行业平均水平。

员工满意度:最近的员工满意度调查显示,整体满意度较低,特别是在职业发展、薪酬待遇和工作压力方面。

第三步:探寻原因(problem)

(1)组织的外部因素:HRBP需要分析可能导致员工流失的外部因素,如市场变化、竞争对手的招聘策略、行业趋势等。

> **案例**
>
> 市场变化:随着新技术的不断涌现,行业内对人才的需求结构正在发生变化,部分传统岗位可能面临淘汰或转型的压力。
>
> 竞争对手的招聘策略:竞争对手可能提供更具吸引力的薪酬待遇和职业发展机会,吸引员工跳槽。

(2)组织的内部因素:除了外部因素外,还需要深入挖掘组织内部可能导致员工流失的原因。这包括管理风格、组织结构、企业文化、激励机制等方面。

> **案例**
>
> 管理风格:部分中层领导者可能存在管理不当或缺乏领导力的问题,导致团队士气低落和员工流失。
>
> 组织结构:职业发展路径不清晰,员工晋升机会有限,导致优秀人才流失。同时,部门间沟通不畅和协作不足也可能影响员工满意度和绩效表现。
>
> 企业文化:如果企业文化缺乏包容性和创新性,可能难以吸引和留住具有不同背景和观念的员工。特别是对于年轻一代的员工来说,他们可能更看重企业的价值观和文化氛围是否与自己的理念相契合。
>
> 激励机制:薪酬体系可能存在不公平或缺乏竞争力的问题,无法有效激励员工。同时,非物质激励,如认可、培训和晋升机会等也可能不足以满足员工的需求和期望。

第四步:提出解决方案(solution)

针对找出的内外部因素,HRBP需要设计具体的解决方案来应对挑战。这些解决方案应该既符合企业的战略目标,又能解决当前的人力资源问题。

> **案例**
>
> 职业发展路径:建立清晰、透明的职业发展路径和晋升标准,为员工提供明确的职业规划和晋升机会。同时,实施内部导师制度和轮岗计划等,以帮助员工提升技能和拓宽视野。
>
> 薪酬体系调整:进行市场薪酬调研,调整薪酬结构以确保与市场水平保持一致。同时,建立绩效与薪酬挂钩的机制,以激励员工提升绩效表现。此外,设立特别奖励计划以表彰优秀员工和团队。
>
> 改善工作环境:优化工作流程、明确分工,以减少员工工作压力和加班情况。同时,提供舒适的工作环境和必要的办公设施,以满足员工的工作需求。加强部门间的沟通和协作,以促进团队合作和效率提升。
>
> 强化企业文化建设:明确企业的核心价值观和文化理念,并通过内部宣传、培训和活动等方式进行推广。鼓励员工参与企业文化建设和决策过程,以增强归属感和责任感。同时,关注员工的心理健康和工作生活平衡,以提升整体满意度和幸福感。

第五步:实施和监控

HRBP需要与业务部门紧密合作,引导项目实施过程,并持续监控方案的进展和效果。这包括制订详细的实施计划、分配资源、设定关键里程碑以及建立有效的监控机制等。

> **案例**
>
> 实施计划：制订详细的实施计划包括时间表、责任人、所需资源和关键里程碑等以确保解决方案按计划推进。同时，建立项目沟通机制，并定期召开进展会议分享信息、解决问题并调整方案以适应变化的情况。
>
> 数据监控与反馈：建立数据监控体系定期收集员工流失率、满意度、工作效率和质量指标等数据以评估解决方案的实施效果。同时，关注员工反馈和业务部门的意见，以便及时发现问题并进行调整优化。设置定期评估的时间点和标准，以确保对解决方案的效果进行客观全面的评估。

第六步：评估和调整

最后，HRBP 需要全面评估解决方案的效果，并进行必要的调整以持续优化结果。这包括分析数据、收集反馈、评估业务成果以及识别新的机会和挑战等。

> **案例**
>
> 经过一段时间的实施后，HRBP 对收集到的数据进行分析并评估解决方案的效果。他们发现中层管理岗位和技术岗位的员工流失率有所降低，员工满意度和工作积极性也有所提升，但仍存在部分问题需要进一步解决。例如，部分员工对工作压力的担忧仍然存在，且新的市场变化可能对人力资源需求带来新的影响。

2.5.3　GAPS 模型的应用案例——解决关键岗位流失问题

一、背景介绍

某科技公司近年来业务快速发展，但中层管理岗位和技术岗位员工流失率持续上升,严重影响了公司的稳定性和业务连续性。为了应对这一挑战,公司决定让HRBP牵头,运用GAPS模型来系统地分析和解决员工流失问题。

二、界定目标(goal)

业务目标:确保关键岗位的人员稳定,降低流失率至少20%,以维持业务的稳定性和连续性。同时,通过减少招聘和培训成本,提高团队整体绩效,为公司创造更大的价值。

绩效目标:在未来一年内,将中层管理岗位和技术岗位的员工满意度提升15%,关键绩效指标达到行业领先水平。具体指标包括员工满意度、工作效率和团队协作等。

三、分析现状(analyze)

业务现状:公司虽然处于快速发展阶段,但关键岗位流失率持续上升,新员工适应期长,导致业务受影响。同时,竞争对手在人才争夺上日益激烈,给公司的招聘工作带来了更大的挑战。

绩效现状:通过员工满意度调查发现,员工对职业发展机会、薪酬待遇和工作压力等方面存在不满。此外,KPIs未达到预期目标,表明员工在工作效率、团队协作等方面存在不足。

四、探寻原因(problem)

外部因素:竞争对手提供更具吸引力的薪酬和职业发展机会,吸引了部分员工跳槽。同时,行业对技术人才的需求竞争激烈,导致员工在市场上的议价能力提高。

内部因素:公司内部职业发展路径不清晰,员工晋升机会有限;薪酬体系与市场脱节,无法有效激励员工;工作压力大且缺乏有效的缓解措施,导致员工身心疲惫;企业文化未得到充分传承和强化,员工缺乏归属感和忠诚度。

五、提出解决方案(solution)

针对以上原因,HRBP 提出了以下解决方案:

职业发展:建立清晰的职业发展路径和晋升通道,明确各岗位的职责和晋升标准。实施内部导师制度和轮岗计划,帮助员工提升技能和拓宽视野。同时,提供有针对性的培训计划,提升员工的职业竞争力。

薪酬体系:对薪酬市场进行调研,了解同行业同岗位的薪酬水平,调整公司薪酬结构,确保与市场水平保持一致。同时,设立绩效奖金和长期激励计划,将员工的薪酬与绩效挂钩,激发员工的工作积极性和创造力。

工作压力:推出员工援助计划,包括心理健康咨询、弹性工作制度和家庭照顾支持等,帮助员工缓解工作压力和生活困扰。加强部门间沟通协作,优化工作流程和分工,减轻员工的工作压力和加班情况。

企业文化:明确企业的核心价值观和文化理念,通过内部宣传、培训和活动等方式进行推广和强化。鼓励员工参与企业文化建设和决策过程,提升员工的归属感和忠诚度。同时,关注员工的心理健康和工作生活平衡,营造积极向上的工作氛围。

六、实施和监控

HRBP 与业务部门紧密合作,制订详细的实施计划并分配资源,建立定期沟通机制和数据监控体系,持续跟踪解决方案的进展和效果。通过定期的员工满意度调查和 KPIs 评估来衡量绩效目标的达成情况,并根据反馈及时调整优化方案。

在实施过程中,HRBP 还应该注重与员工的沟通和互动,及时了解员工的需求和反馈,确保解决方案能够真正满足员工的需求和期望。同时，HRBP还应该关注市场动态和业务变化，以便及时调整人力资源策略以满足企业的长期发展需求。

七、评估和调整

经过一年的实施和监控，HRBP对解决方案的效果进行了全面评估。数据显示，中层管理岗位和技术岗位的员工流失率分别降低了25%和20%，员工满意度提升了20%，KPIs也达到了行业领先水平。这些成果表明，解决方案取得了显著成效。

然而，在评估过程中也发现了一些问题和挑战。部分员工仍反映工作压力较大，需要进一步加强心理健康培训和压力管理工作。同时，随着市场的不断变化和业务的发展需求，人力资源策略也需要进行相应的调整和优化。

针对评估结果和发现的问题，HRBP决定进一步优化员工援助计划，增加心理健康培训和压力管理工作坊的投入。同时，他们将继续加强企业文化的传承和强化工作，通过举办各种文化活动和培训来提升员工对企业价值观的认同和归属感。此外，他们还将密切关注市场动态和业务变化，以便及时调整人力资源策略以满足企业的长期发展需求。

2.6　TOPIC 模型：赋能管理者提升领导力的利器

在当今快速变化的商业环境中，领导力的重要性日益凸显。一个优秀的领导者不仅能够引领团队应对各种挑战，还能够激发成员的潜力，推动团队持续创新和发展。然而，领导力的提升并非一蹴而就，需要管理者不断地学习和实践。在这个过程中，HRBP扮演着至关重要的角色,他们通过专业的知识和技能,为管理者提供有力的支持和赋能。

近年来,TOPIC 模型作为一种有效的领导力提升工具,逐渐受到了越来越多企业的关注和认可。HRBP 可以通过该模型的五个关键要素,即信任(trust)、目标(objective)、过程(process)、投入与承诺(investment/commitment)以及沟通(communication),系统地诊断团队问题、制订改进策略并持续跟踪执行效果。

2.6.1 走进 TOPIC 模型:这个模型有什么不同之处

TOPIC 模型是一个指导团队管理和组织发展的框架。TOPIC 模型在人力资源管理的语境中并不是一个常见或标准的术语,但在管理学的某些领域中,特别是团队管理、项目管理和组织行为学中,有时会用首字母缩略词来描述某些概念或框架。

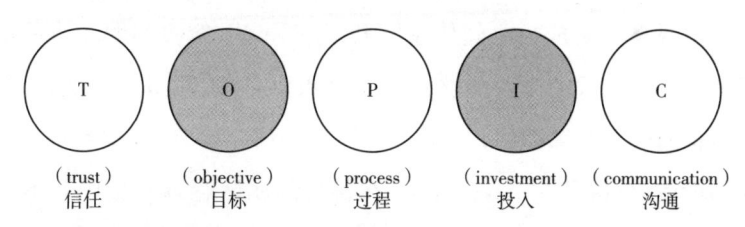

T	O	P	I	C
(trust)信任	(objective)目标	(process)过程	(investment)投入	(communication)沟通

1. T(trust)信任

信任是团队合作的基石。它涉及成员之间的相互信赖、诚实和透明,以及对彼此能力和承诺的信心。在高信任环境中,团队成员更愿意分享信息、承担风险,提供和接受反馈。

2. O(objective)目标

目标是团队努力的方向和期望达到的结果。明确和具有挑战性的目标能够激发团队成员的积极性和专注力。目标应该与组织的愿景和战略相一致,同时也需要是可衡量和可实现的。

3. P(process)过程

过程是指团队为实现目标而采取的一系列决策和行动。这包括规划、执行、监控和评估等阶段。有效的过程管理确保团队成员明确各自的职责和期望,遵循既定的工作流程,并能够在必要时进行调整以应对挑战。

4. I(investment)投入

投入指的是团队成员在时间、精力、技能和情感等方面对团队目标的承诺和贡献。高投入度的成员更加积极参与团队的各项工作,愿意为团队的成功付出努力并与团队共同成长。

5. C(communication)沟通

沟通是团队成员之间传递信息、分享想法、解决问题和协调行动的过程。有效的沟通能够减少误解和冲突,增强团队凝聚力,促进信息的流动和知识的共享。

请注意,这里的"investment"在常见的团队管理模型中并不常见,在这里的意见与"commitment(承诺)"更为接近。在实际应用中,您可能会发现"commitment"比"investment"更贴切地描述了团队成员对共同目标的忠诚和投入。因此,如果您是在参考某个特定的"TOPIC模型",请确认该模型的准确定义和要素。

2.6.2　TOPIC模型适合哪些场景

随着时间和经验的积累,许多人都会从最初只关注个人职责的执行者角色，逐渐蜕变为肩负更多责任、引领团队前进的管理者和领导者。在这一转变中，如何有效提升自己的领导力，引领团队创造出更高绩效的成果，就显得尤为重要。

正是在这样的背景下，TOPIC 模型作为一种实用的领导力提升工具，受到了越来越多团队管理者和领导者的关注。通过系统地运用 TOPIC 模型，他们能够更加清晰地认识到自己在领导力方面的优势和不足，从而有针对性地制订提升计划，逐步步入团队管理的正轨。

而在这个过程中，HRBP 作为连接人力资源管理与业务战略的桥梁，可以紧密结合 TOPIC 模型，为团队管理者提供有力的支持和协助。他们不仅可以帮助团队管理者深入理解和应用 TOPIC 模型的各个要素，还可以根据团队的实际情况和需求，量身定制相应的领导力提升方案。通过 HRBP 的专业指导和持续跟进，团队管理者能够更加平稳、高效地完成从执行者到领导者的蜕变，带领团队迈向新的高度。

HRBP 如何运用 TOPIC 模型帮助团队管理者提升领导力，打造高绩效团队呢？以下是具体建议：

1. T(trust) 信任

HRBP 可以协助团队管理者建立和维护信任文化。通过组织团队建设活动、制定透明的沟通政策和提供冲突解决支持，促进团队成员之间的相互信赖。鼓励开放和诚实的反馈机制，确保团队成员可以感受到自己的声音被听到和重视，从而增强信任感。

管理者可以这样做：

· 管理者可以定期组织"信任建设"活动，如团队外出、工作坊或小组讨论，以促进成员间的相互了解和信任。

・鼓励团队成员分享个人故事、成功经验和失败教训，以增强彼此之间的共鸣和理解。

・管理者应公开、公正地处理团队内的冲突和问题，确保所有成员都感到被公正对待。

2. O（objective）目标

HRBP应与团队管理者合作，确保团队目标清晰、具体且与组织战略相一致。这些目标应能够激发团队成员的积极性和参与感。通过定期回顾和调整目标，确保团队始终保持在正确的发展轨道上，并可以及时应对任何变化或挑战。

管理者可以这样做：

・与团队共同制订明确、可衡量的目标，并确保每个成员都明确自己的角色和责任。

・定期回顾目标进展，让团队成员了解当前状态与期望成果之间的差距，并调整策略以确保目标达成。

・鼓励团队成员设定个人发展目标，并与团队目标相结合，以促进个人和团队的共同成长。

3. P（process）过程

HRBP可以帮助团队管理者优化工作流程和决策过程。通过提供必要的工具、培训和资源，确保团队成员能够高效地执行任务。鼓励团队成员参与过程改进的讨论和决策，以充分利用他们的专业知识和经验。

管理者可以这样做：

・管理者应与团队成员一起审查工作流程，识别瓶颈和低效环节，并实施改进措施。

·提供必要的培训和支持,确保团队成员具备完成任务所需的技能和知识。

·鼓励团队成员分享最佳实践案例和创新想法,以不断优化工作流程并提高团队效率。

4. I(investment)投入或 C(commitment)承诺

HRBP 可以强调团队成员对共同目标的投入和承诺的重要性。通过认可和奖励高投入的成员,激励其他人效仿;提供职业发展机会和培训项目,帮助团队成员提升技能和能力,使他们能够更好地为团队目标作出贡献。

管理者可以这样做:

·管理者应定期与团队成员进行一对一沟通,了解他们的职业发展目标和期望,并提供指导和支持。

·认可并奖励那些对团队目标表现出高度投入和承诺的成员,以激励其他人效仿。

·为团队成员提供持续的职业发展机会,如内部培训、外部研讨会或专业认证课程。

5. C(communication)沟通

HRBP 应促进有效的沟通机制,确保团队成员能够顺畅地交流信息、分享想法和解决问题。这包括定期的团队会议、一对一沟通渠道和在线协作工具等。鼓励开放和尊重的沟通氛围,使团队成员乐于自由表达意见和进行反馈,从而增强团队凝聚力和协作效率。

管理者可以这样做:

·管理者应定期组织团队会议,分享信息、讨论问题并征求成员的意见和建议。

·鼓励团队成员使用多种沟通渠道，如电子邮件、即时消息或在线协作工具，以保持实时联系和信息共享。

·管理者应积极倾听团队成员的反馈和建议，并及时回应和解决他们的问题和关切。

2.6.3 TOPIC模型的应用案例——赋能团队管理者提高领导力

一、背景详述

某科技公司的一个30人研发团队，在过去一年里，连续三个项目的交付都未达到客户的预期。公司内部调研发现，除了技术挑战外，更多的是团队管理层面的问题。团队内部弥漫着不信任的气氛，成员之间合作不紧密，目标模糊不清，工作流程混乱且效率低下。为了解决这个问题，公司决定让HRBP介入，希望通过其专业能力结合TOPIC模型，帮助团队管理者提升领导力，从而改善团队的整体表现。

二、HRBP介入与TOPIC模型的深入应用

1. trust(信任)的建立与深化

(1)初始诊断：HRBP通过一对一访谈和匿名问卷，发现团队内的不信任主要源于过去的几个项目失败以及管理者在处理问题时的不公平。

(2)团队建设活动设计：HRBP为团队策划了一次为期三天的户外团队建设活动，其中包括徒步、篝火晚会以及信任背摔等团队协作游戏。这些活动旨在让成员之间放下隔阂，建立真实的信任感。

(3)透明沟通机制：除了定期的团队会议，HRBP还推动了周报、月报的分享机制，确保每个成员都了解团队的整体进展和其他人的工作内容。此外，还设立了匿名意见箱，鼓励成员提出自己的

想法和担忧。

2. objective(目标)的明确与落地

(1)目标对齐会议:HRBP组织了一次目标对齐会议,确保团队目标与公司战略保持一致。会议上,管理者与成员共同讨论了未来半年的具体目标,并将其分解为每个季度、每个月度和每周的小目标。

(2)目标可视化:在团队的工作区域,HRBP协助制作了目标看板,实时更新各个项目的进度和关键里程碑。这使得每个成员都能随时了解团队的整体目标达成进展和自己的贡献。

3. process(过程)的细致优化

(1)流程梳理与优化:HRBP与团队成员一起详细梳理了现有的工作流程,发现并解决了多个瓶颈和低效环节。例如,优化了代码审查流程,减少了不必要的等待时间。

(2)工具与培训:为了提高工作效率,HRBP为团队引入了新的协作工具,并提供了相应的培训。同时,还针对每个人的技能短板提供了个性化的提升计划。

4. investment(投入)与commitment(承诺)的实质性提升

(1)激励与认可机制:除了基本的薪酬福利,HRBP与管理者一起设立了多个团队和个人奖项,用于表彰在项目中表现突出的成员。这些奖项不仅包括物质奖励,还有公司内部的荣誉证书和晋升机会。

(2)职业发展路径规划:HRBP为每个团队成员制订了个性化的职业发展路径,明确了他们在未来一到三年内可能达到的职业高度和所需的技能与经验。这大大增强了成员的投入度和承诺感。

5. communication(沟通)的全方位改善

(1)多元化沟通渠道:除了面对面的会议和电话沟通外,HRBP

还推动了团队使用多种在线协作工具,如企业微信、钉钉、飞书等,确保信息能够高效和准确地传递。

(2)定期沟通反馈:HRBP要求管理者每月至少与每个团队成员进行一次一对一的沟通反馈会议,了解他们的工作进展、遇到的困难以及需要的支持。这些反馈不仅用于改善团队的日常工作,还作为员工绩效评估和晋升的重要依据。

三、结果与影响

经过HRBP长达半年的努力和TOPIC模型的深入应用,该研发团队发生了显著的变化。成员之间的信任感大大增强,合作更加紧密;目标清晰明确,每个人都清楚自己的职责和期望的成果;工作流程得到了优化和改进,工作效率显著提高;成员的投入度和承诺水平也得到了实质性提升;沟通状况得到了全方位改善,信息传递更加高效准确。

2.7 Input-Output 模型:资源转化成果的智能引擎

在快速变化的商业环境中,企业要想保持竞争力并持续成长,就必须高效地转化其资源为可观的业务成果。这就像是将优质的原料经过加工转化为精美的产品一样,每一个环节都至关重要。而在这个转化过程中,HRBP扮演着至关重要的角色。他们不仅要确保人力资源得到最优配置,还要与业务部门紧密合作,共同推动业务目标的实现。

通过运用Input-Output模型,HRBP可以帮助企业更精准地识别业务需求,优化人力资源配置,提升员工的工作效率和满意度,从而推动业务绩效的显著提升。这不仅为企业带来了实实在在的业绩增长,也为员工提供了更好的职业发展平台,实现了企业与员工的共赢。

2.7.1 探秘 Input-Output 模型:资源如何转化为成果

Input-Output 模型(输入-输出模型)是一个描述系统、过程或业务中资源和活动如何转化为可衡量结果的框架。在这个模型中,"输入"为实现特定目标而进行的可控资源投入和活动,而"输出"则是这些输入经过系统处理后产生的可衡量结果或成效。

1. input(输入)

简而言之,输入是我们为达成某个目标所做的具体活动。这些活动通常是可以计划、测量和调整的,以确保它们能有效地推动业务朝着预定目标前进。

例如,在销售部门中,为了达成季度业绩目标,可能进行的输入活动包括:

(1)举办卖场活动:如产品演示、折扣促销等,以吸引顾客并提高销售量。

(2)市场调研:了解目标市场的需求和竞争对手的动态,以制订更有效的销售策略。

(3)员工培训:提升销售团队的产品知识和销售技巧,以提高他们的销售效率。

这些输入活动的共同点是:它们都是为了达成一个明确的目标(如季度业绩)而进行的可控投入。

2. output(输出)

输出则是业务活动的结果或产物,通常表现为可衡量的数据指标。这些指标反映了业务目标的实现程度,是我们评估业务性能是否成功的依据。与输入不同,输出往往是宏观的、不易直接控制的,它们是由多种输入活动共同作用产生的结果。

在销售部门的案例中,输出可能包括:

(1)实际销售业绩:这是评估销售部门工作效果最直接和重要的指标。

(2)客户满意度:反映了客户对产品和服务的满意程度,对长期业务成功至关重要。

(3)市场份额:显示了公司在市场中的竞争地位,是评估业务战略有效性的关键指标。

输出指标的特点是,它们反映了业务整体的运行结果,是我们判断输入活动是否有效、是否需要调整的依据。

2.7.2　Input-Output 模型的适用场景与策略

1. 应用场景

Input-Output 模型作为一种灵活且实用的管理工具,其应用范围极为广泛。

在宏观层面,它可以被用于整个企业的战略管理,帮助企业高层明确各项资源投入与企业整体业务成果之间的关系,从而优化资源配置,实现企业的长期发展目标。

在微观层面,Input-Output 模型同样展现出了其强大的适用性。比如,在部门管理中,部门负责人可以运用该模型来精确衡量部门内部的各项投入与产出,确保部门工作与企业整体战略保持一致。

再比如,在项目管理领域,项目经理可以利用 Input-Output 模型来监控项目的进度和效果,确保项目资源得到高效利用,项目目标得以顺利实现。甚至对于个人而言，Input-Output 模型也可以作为一种有效的自我管理工具，帮助个人评估自己的时间、精力等资源的投入与产出比，从而调整工作策略，提升个人工作效率和成就感。因此，可以说 Input-Output 模型既是一种宏观的战略规划工具，也是一种微观的操作指导工具，无论是对于企业、部门、项目还是个人，都能够提供有力的支持和帮助。

2. 运用方式

首先，我们必须明确，input 指标并不是要在现有的业务管理体系之外重新建立一套全新的体系。相反，它是在现有的以 output 指标(输出指标)为主导的体系基础上进行的有益补充和调整。传统的业务管理体系往往过于关注 output 指标，如销售额、市场份额等，而忽视了导致这些结果产生的具体过程和投入。input 指标正是为了弥补这一缺陷而引入的，它关注的是为了实现特定业务目标而进行的可控资源和活动的投入。

其次，input 指标的运用也不是要全面替代现有的业务管理体系。一个健全的业务管理体系应该是多维度的，既包括关注结果的 output 指标，又包括关注过程的 input 指标。这两者相辅相成，共同构成了一个完整的业务管理框架。因此，我们在运用 input 指标时，应该将其视为对现有体系的一种补充和完善，而不是一种替代。

同时，关注 input 指标也不应仅仅停留在定义、监控和分析的层面。这些当然是基础且重要的步骤，但更重要的是要将 input 指标融入日常的业务管理和经营活动当中。这意味着在日常的工作中，管理者和员工都应该时刻关注并努力改善各项 input 指标，如提高工作效率、优化资源配置等。只有这样，input 指标才能真正发挥其应有的作用,推动业务目标的实现。

此外,为了更好地实施input指标管理,我们还可以将其融入各种现有的管理工具中,如OKR(目标与关键成果法)、绩效管理工具等。通过将input指标与这些工具相结合,我们可以更加全面、系统地评估和管理业务过程,确保各项投入能够有效地转化为预期的业务成果。

如何判断input指标是否足够支撑output指标呢?具体有以下三种方法:

(1)明确指标关系:需要清晰地定义input指标和output指标,并确保它们之间的逻辑关系是明确的。例如,假设output指标是销售额,那么input指标可能是销售人员的数量、培训时长、市场营销预算等。

(2)业务判断和经验:除了数据和统计分析外,业务判断和经验也是评估input指标支撑力的重要组成部分。业务领导和专家的意见可以提供对实际业务操作的深入理解,以及对哪些input指标可能更为重要或具有更大影响力的洞察。

(3)数据收集与分析:收集历史数据,分析input指标和output指标之间的相关性。这可以通过统计方法(如回归分析)来实现,以确定input指标的变化是如何影响output指标的。

2.7.3 Input-Output模型的应用案例——诊断销售项目问题并推动落地

一、背景介绍

某知名公司的销售业务部门在推进一项关键的销售项目时遭遇了重大挑战。该项目旨在通过新的销售策略和产品定位,提高市场份额并实现销售额的显著增长。然而,经过几个月的尝试,项目进展缓慢,关键绩效指标(KPIs)远未达到预期。业务领导层感到压力倍增,于是求助于HRBP来共同诊断问题并寻找解决方案。

二、问题诊断与分析

HRBP与业务领导层紧密合作,运用Input-Output模型对项目进行了全面的诊断和分析。

1. input(输入)方面:

销售团队能力和士气:通过绩效数据、员工反馈和观察发现,部分销售人员缺乏必备的销售技巧和产品知识,导致在与客户沟通时无法有效传达产品价值。团队士气低落,部分员工对项目失去信心,缺乏积极的工作态度。

市场调研和客户需求分析:深入分析市场调研数据后发现,调研方法过于陈旧,未能准确捕捉市场动态和客户需求变化。客户需求分析存在偏差,导致销售策略与目标客户群体的实际需求不匹配。

内部协作流程和沟通效率:内部协作流程复杂烦琐,导致信息传递效率不高,销售团队在需要其他部门支持时往往面临重重障碍。部门间存在沟通壁垒,缺乏有效的信息共享和协同工作机制。

2. output(输出)方面:

关键客户的转化率远低于预期,导致市场份额增长缓慢。销售额未达到目标,公司整体业绩受到拖累。

三、解决方案设计与推动落地

针对上述问题,HRBP与业务领导层共同设计了以下解决方案,并积极推动其落地实施:

1. 提升销售团队能力和士气：

组织针对性的销售技巧和产品知识培训，确保销售人员具备与客户有效沟通的能力。

实施新的激励方案，包括设置更具挑战性的销售目标、提供丰厚的奖金和晋升机会等，以激发员工的积极性和工作热情。同时，加强团队文化建设，提升员工的归属感和忠诚度。

2. 优化市场调研和客户需求分析：

引入先进的市场调研工具和方法，定期收集和分析市场动态和竞争对手信息，确保数据的准确性和时效性。加强与客户的互动和沟通，深入了解他们的需求和期望，为销售策略的制订提供有力支持。优化销售策略和产品定位，确保与目标客户群体的实际需求相匹配。通过精准的市场细分和客户画像，明确目标客户群体，并制订相应的产品优化方案和营销策略。

3. 改进内部协作流程和沟通效率：

简化内部协作流程，去除不必要的审批环节和冗余步骤，确保信息传递的顺畅和高效。建立跨部门协同工作机制，明确各部门的职责和协作要求，推动部门间的紧密合作和信息共享。推广使用内部沟通工具和平台，如企业即时通信工具、项目管理软件等，提高沟通效率和协作效果。定期组织跨部门沟通会议和团队建设活动，增强部门间的信任和合作精神。

四、结果评估与持续改进

经过一段时间的实施和推进，HRBP与业务领导层对项目进行了全面的评估。结果显示，销售团队的能力和士气得到了显著提升，市场调研和客户需求分析更加精准有效，内部协作和沟通效率也得到了明显改善。关键客户的转化率开始回升,市场份额和销售额也逐步实现了预期的增长目标。

同时 HRBP 和业务领导层也意识到,持续改进才是确保项目长期成功的关键。因此,他们决定定期复盘和评估项目的进展情况,及时发现问题并进行调整和优化,并加强与销售团队的沟通和协作,确保他们能够及时获取所需的支持和资源。

2.8　PREP 模型:从混乱到有序的沟通之道

沟通,作为人类社会不可或缺的一环,对于 HRBP 来说更是日常工作的核心。HRBP 不仅需要与各个部门紧密合作,确保人力资源策略与公司业务目标一致,还需要时刻关注员工需求,为他们提供必要的支持和指导。在这样的工作背景下,清晰和有条理的沟通就显得尤为重要。

在实际工作中,HRBP 往往面临着诸多沟通挑战:比如,如何在短时间内将复杂的人力资源政策解释给部门领导?如何确保员工理解并接受新的福利制度?如何在多方利益之间找到平衡点,推动项目的顺利实施?这些问题,无不考验着 HRBP 的沟通能力。

2.8.1　PREP 模型大揭秘

PREP 模型,即 point(观点)、reason(原因)、example(举例说明)、point(再次强调观点)的首字母缩写,是一种结构化的沟通框架。它旨在帮助沟通者更加清晰、有条理地组织思路,有效地传达自己的观点和想法。通过遵循 PREP 模型的步骤,沟通者可以将原本混乱无序的信息整理成逻辑清晰、易于理解和记忆的表达。

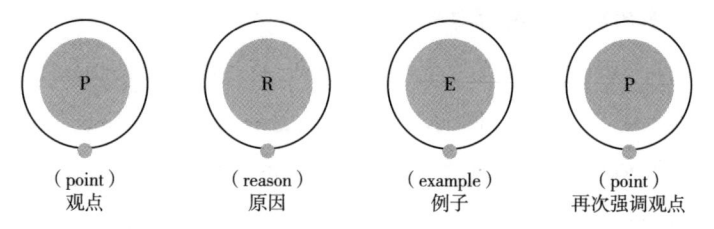

（point）	（reason）	（example）	（point）
观点	原因	例子	再次强调观点

1. P(point)观点

·观点是沟通的起点和核心,它决定了整个沟通的内容和方向。

·在表达观点时,需要确保观点明确和具体,内容能够直接回应沟通的主题或问题。

·一个好的观点应该具有针对性和独特性,能够引起听众的兴趣和关注。

2. R(reason)原因

·原因是支持观点的重要论据,它为观点提供了合理的解释和依据。

·在阐述原因时,需要确保原因与观点紧密相关,逻辑上合理且充分。

·可以运用事实、数据、逻辑推理等方式来论证原因,提高说服力。

3. E(example)举例说明

·举例是在沟通中引用具体实例或案例,它能够使抽象的观点和原因变得生动和具体。

·在选择举例内容时,需要确保其与观点和原因高度相关,且具有代表性。

·可以运用故事、案例、个人经历等方式来举例,增强沟通的吸引力和可信度。

4. P(point) 再次强调观点

·在沟通的结尾处再次强调观点,可以起到画龙点睛的作用,加深听众对观点的印象和理解。

·在强调观点时,可以运用归纳总结、重复强调、提出行动建议等方式来增强效果。

·确保再次强调的观点与最初提出的观点保持一致,形成完整的沟通闭环。

通过 PREP 模型,沟通者可以更加清晰地组织自己的思路和语言,使沟通更加高效、有序。这种模型适用于各种沟通场合,如演讲、汇报、谈判和写作等,可以帮助沟通者更好地传达自己的观点和想法,实现有效的沟通目标。

2.8.2　PREP 模型:哪些场合它最适合

PREP 模型在具体应用中的方法如下:

(1)明确观点(P):HRBP 需要确保信息准确、高效地传达给相关部门和员工,以实现企业战略目标的一致性和协同性。通过运用 PREP 模型,HRBP 可以更加清晰、有条理地表达自己的观点和建议,降低沟通成本,提高工作效率。

案例

HRBP 在与销售部门沟通时,明确提出:"为了提升销售业绩,我们需要加强对销售团队的培训和发展支持。"这个观点直接回应了销售部门面临的挑战,并提出了具体的解决方案。

（2）阐述原因（R）：在沟通中，HRBP 需要解释为什么提出某个观点或建议，以及该观点对企业和部门的重要性。通过阐述原因，HRBP 可以帮助听众更好地理解自己的观点，增强说服力，并促进共识的达成。

> **案例**
>
> HRBP 进一步解释："根据最近的市场调研和业绩分析，我们发现销售团队在某些关键技能上存在不足，这直接影响了销售业绩的提升。通过加强培训和发展支持，我们可以帮助销售团队提升这些关键技能，从而更好地应对市场挑战，提高销售业绩。"这样的阐述使销售部门能够更深入地理解加强培训的重要性。

（3）举例说明（E）：为了使观点更具说服力和生动性，HRBP 可以运用具体的案例来支持自己的观点。这些案例可以是过往的成功经验、行业数据和员工反馈等，有助于听众更直观地理解观点的合理性和可行性。

> **案例**
>
> 为了增强说服力，HRBP 分享了一个具体的案例："去年，我们为销售团队提供了一次关于客户关系管理的培训。结果显示，参与培训的销售人员在随后的几个月内，其客户满意度和销售额都有了显著的提升。这个案例证明了培训对于提升销售业绩的积极作用。"通过具体的案例，销售部门能够更直观地感受到培训带来的实际效果。

(4)再次强调观点(P):在沟通的结尾部分,HRBP 需要再次强调自己的观点和建议,确保听众能够明确理解并记住核心信息。这有助于巩固沟通成果,推动相关工作的顺利开展。

案例

在沟通的结尾部分,HRBP 再次强调:"因此,我强烈建议我们加大对销售团队的培训和发展支持。这不仅有助于提升当前的销售业绩,还能为公司的长远发展奠定坚实的基础。"通过这样的结尾,HRBP 确保了销售部门能够明确理解并记住加强培训的重要性,从而推动相关工作的顺利开展。

对于企业和部门而言,HRBP 运用 PREP 模型进行沟通同样具有重要意义。它可以帮助企业和部门更加清晰地了解 HRBP 的观点和建议,从而更好地协同工作、实现共同目标。同时,通过运用 PREP 模型进行沟通,企业和部门也可以更加高效地获取所需信息,减少误解和冲突,提升团队凝聚力和整体工作效率。

此外,在整个沟通过程中,HRBP 还需要注重沟通技巧的运用,如倾听、反馈和引导等。他们需要耐心倾听听众的意见和建议,及时反馈并解答听众的疑问,引导听众深入思考并共同寻找解决方案。这样的沟通技巧有助于建立良好的沟通氛围和合作关系,提高沟通效率和效果。

2.8.3 PREP 模型的应用案例——推动组织架构调整以达成业务目标

一、背景

随着互联网行业的竞争日益加剧,某知名互联网公司意识到其传统的组织架构已无法满足快速变化的市场需求。公司内部存在着严重的部门隔阂、资源重复配置以及响应迟缓等问题。为了突破这些限制,实现更为宏大的业务目标,公司决定进行一次全面的组织架构调整。HRBP 在这一变革中承担了核心角色,负责与各业务部门沟通,确保调整方案的顺利实施。

二、明确观点(point)

HRBP 在公司高层会议上明确提出:"我们现有的组织架构已成为制约公司发展的瓶颈。为了实现公司的长期业务目标,提升市场竞争力,我们必须进行组织架构的调整。"她强调,调整后的组织架构需要更加扁平化、灵活,才能够快速响应市场变化。

三、阐述原因(reason)

HRBP 详细阐述了进行组织架构调整的三大原因:

部门隔阂与协作难题:当前组织架构下,各部门之间缺乏有效沟通与合作,导致资源浪费和效率低下。例如,市场部和产品部在推广新产品时经常出现信息不同步的情况,导致市场推广效果不佳。

资源重复配置:各部门在各自为政的情况下,往往会出现资源重复配置的情况。这不仅增加了公司的运营成本,还降低了资源利用效率。

响应市场变化迟缓:传统的组织架构层级繁多,决策流程冗长,导致公司无法快速响应市场变化。在竞争激烈的互联网行业中,这种迟缓的响应速度可能会让公司错失很多市场机遇。

四、举例说明(example)

为了支持自己的观点,HRBP 引用了一个行业内的知名案例:

"有一家与我们业务相似的互联网公司,在面对类似挑战时,果断进行了组织架构调整。他们打破了原有的部门界限,以项目为中心组建了跨部门团队。这些团队拥有独立的决策权和资源调配权,能够迅速响应市场变化。调整后的第一年,他们的新业务增长率就达到了50%,市场份额也大幅提升。"

HRBP 进一步指出,这个成功案例中的公司通过组织架构调整实现了资源的优化配置、提升了跨部门协作效率,并成功抓住了市场机遇。这正是公司所期望通过本次调整达到的效果。

五、行动计划与再次强调观点(action plan & point)

在阐述了原因和举例说明之后,HRBP 提出了具体的行动计划:

成立专项工作组:由 HRBP 牵头,成立一个由各部门代表组成的专项工作组,负责制订详细的组织架构调整方案。

深入调研与沟通:专项工作组将深入各部门进行调研,了解员工的真实想法和需求。同时,HRBP 将组织多场员工座谈会,收集员工的意见和建议。

制订调整方案:在充分调研和沟通的基础上,专项工作组将制订出一份既符合公司战略需求又兼顾员工利益的组织架构调整方案。

实施与跟进:方案获得公司高层批准后,HRBP 将负责监督实施过程,确保调整工作的顺利进行。同时,她还将定期收集反馈,对调整效果进行评估和跟进。

最后,HRBP 再次强调:"组织架构调整不是目的,而是手段。我们的最终目标是提升公司的整体运营效率和市场竞争力,实现更为宏大的业务目标。我相信,在大家的共同努力下,我们一定能够成功完成这次调整,为公司的发展注入新的活力。"

2.9 ORID模型，高效能管理的秘密武器

在日常工作中，HRBP就像是一位"杂技演员"，需要在各种人力资源问题和挑战之间灵活应对。有时候，他们可能会感到像是身处迷雾之中，看不清前方的道路，不知道该如何有效地解决问题和推动业务发展。

有了ORID模型，HRBP就可以更加有条理地收集和分析数据，了解员工的真实需求和业务发展的实际情况。他们可以通过反思和挖掘问题的深层次意义，找到更加贴近企业和员工实际的解决方案。最终，在决策阶段，HRBP可以将这些洞察转化为具体的行动计划，推动企业实现更加高效和可持续的发展。

2.9.1 走进ORID模型

ORID模型是一种结构化的问题解决和决策制订工具，它通过引导人们从四个不同的层次来审视和理解问题，从而帮助HRBP更加全面、深入地分析情况，并制订出有效的解决方案。这四个层次分别是：看清事实（objective）、理解感受（reflective）、挖掘意义（interpretive）和决定行动（decisional）。

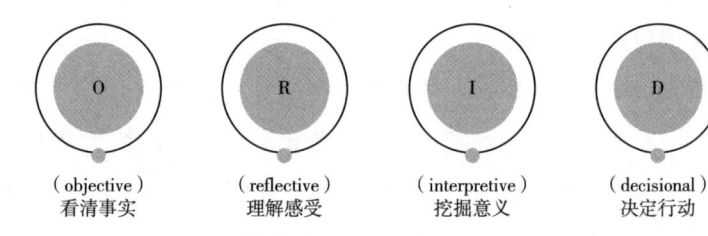

（objective）看清事实　（reflective）理解感受　（interpretive）挖掘意义　（decisional）决定行动

1. O(objective)看清事实

在这一层次,HRBP 需要收集和分析客观的数据和信息,以了解问题的实际情况和现状。这意味着要关注那些可以观察、测量和验证的事实,确保对问题的理解基于可靠的数据支持。通过这一步骤,HRBP 能够建立起对问题的清晰认知,为后续的分析和决策打下基础。

2. R(reflective)理解感受

在这一层次,HRBP 需要关注人们对于问题或情境的主观感受和反应。这包括员工、管理层以及其他利益相关者的情绪、态度和看法。通过倾听和理解这些感受,HRBP 可以更好地了解相关者对问题的认知和情感反应,从而更加贴近他们的需求和期望。

3. I(interpretive)挖掘意义

在这一层次,要求 HRBP 深入探究问题的本质和背后的原因。HRBP 需要运用批判性思维和分析能力,从多个角度审视问题,并挖掘出潜在的意义、影响和价值。通过这一层次的分析,HRBP 可以更加深刻地理解问题,并为制订有效的解决方案提供有力的支持。

4. D(decisional)决定行动

在这一层次,HRBP 需要将前面的分析转化为具体的行动计划和解决方案。HRBP 需要综合考虑各种因素,包括组织的战略目标、资源限制和利益相关者的需求等,制订出切实可行的行动计划。通过这一层次的决策,HRBP 可以推动问题的解决和组织的进步。

2.9.2 ORID 模型应用的场景

ORID 模型在组织、人才、文化等方面均有着广泛的应用,下表中列举了一些 HRBP 工作中常用的场景。

应用场景	描述
员工离职分析	利用 ORID 模型分析员工离职数据,从客观事实到员工感受,再到离职背后的意义,最终制订挽留或改进策略
绩效评估与反馈	在绩效评估时,通过 ORID 模型确保评估既基于客观数据,也考虑到员工情感与期望,挖掘评估结果的深层含义,制订发展计划
员工培训与发展	运用 ORID 模型分析培训需求,了解员工学习感受,挖掘培训对个人与组织的意义,决策培训内容与形式
组织变革管理	在组织变革过程中,使用 ORID 模型收集变革影响的客观信息,了解员工对变革的反应,探寻变革的深层意义,决定变革策略与沟通方式
员工关系与冲突解决	当员工关系紧张或发生冲突时,借助 ORID 模型客观分析情况,了解各方感受,挖掘冲突根本原因,决策解决方案
招聘与选拔	在招聘过程中,应用 ORID 模型分析候选人资料,了解候选人求职动机与期望,挖掘岗位对候选人的意义,决策录用与否及后续融入策略
企业文化建设	通过 ORID 模型收集员工对企业文化的看法,了解员工文化需求,挖掘企业文化的深层价值,决策文化塑造与传播策略

ORID 模型具体的应用方式可以按照以下步骤进行:

(1)O(objective):看清事实,收集客观数据和信息。

这包括收集和分析相关的客观信息,如报告、统计数据、观察结果等。确保拥有足够的事实基础来理解问题的本质和现状。

> **案例**
>
> "请提供一下最近几个月的员工离职数据,包括离职员工的部门、职位和工作年限分布。"
>
> "我们需要对最近进行的员工满意度调查数据进行详细分析,你能分享一下具体的调查结果吗?"
>
> "在过去的一年中,哪些部门的培训投入最高,但实际的培训效果却不尽如人意?"

(2) R(reflective):理解感受,关注人们的反应和情感。

通过倾听、观察和提问,了解人们对问题的情绪、态度、看法和感受。你可以通过组织小组讨论、一对一访谈或问卷调查等活动,以收集人们的感受和意见。

> **案例**
>
> "在最近的组织变革中,你感到最困扰或不安的是什么?"
>
> "对于公司当前的福利政策,你有什么样的感受?是否觉得满意?"
>
> "在与同事合作的过程中,你是否遇到过什么挑战或困难?能否具体描述一下你的感受?"

(3) I(interpretive):挖掘意义,深入探究和分析问题的本质和原因。

通过挖掘问题的潜在意义、影响和价值,你可以更深入地理解问题的本质和背后的原因。这有助于你发现问题的根源,并为制订解决方案提供有力的支持。

你可以使用不同的分析工具和方法,如因果分析、SWOT 分析、PEST 分析等,来帮助你完成这一步骤。

> **案例**
>
> "你认为员工离职率上升的主要原因是什么?这背后可能隐藏着哪些问题?"
>
> "从员工满意度调查的结果来看,我们公司在哪些方面做得比较好,哪些方面需要改进?"
>
> "在最近的项目失败中,你认为最主要的原因是什么?这对我们未来的项目有哪些启示?"

(4) D(decisional):决定行动,制订解决方案和行动计划。

根据你对问题的理解和分析,制订可行的行动计划,明确目标、步骤和时间表,确保你的解决方案能够解决问题并满足人们的需求。

你可以与利益相关者一起讨论和制订行动计划,以确保方案的可行性和可接受性。在实施过程中,你要不断监控和评估行动计划的执行情况,并根据实际情况进行调整和改进。

> **案例**
>
> "基于对员工离职率的分析,你认为我们应该采取哪些措施来挽留关键人才?"
>
> "为了提高员工的满意度和忠诚度,我们应该在哪些方面进行优化或改进?"
>
> "在组织变革过程中,我们应该如何与员工进行有效的沟通,以确保变革的顺利进行?"

2.9.3 ORID模型的应用案例——解决互联网公司领导力问题

一、背景

随着科技行业的竞争日益激烈,一家领先的互联网公司发现自身在应对市场变革和推动业务增长方面显得力不从心。公司内部普遍认为,现有的领导团队在战略规划、决策执行、团队协作以及员工激励等方面存在明显短板。为了扭转这一局面,公司高层决定邀请 HRBP 介入,运用 ORID 模型对领导力问题进行深入分析,并制订具体的解决方案。

二、应用 ORID 模型

1. O(看清事实):

数据收集与分析:HRBP 首先通过领导力评估工具、员工满意度调查以及业务绩效数据等多种渠道,全面收集关于领导团队表现的信息。

关键发现:数据分析显示,领导团队在快速决策、适应市场变化以及跨部门协作方面存在不足。此外,员工对领导层的信任度和满意度普遍偏低,认为领导层缺乏透明度和前瞻性。

2. R(理解感受):

员工访谈与反馈:HRBP 组织了一系列员工座谈会和小组讨论,深入了解员工对当前领导力的真实感受和期望。员工普遍反映领导层过于关注短期业绩,忽视了团队的长远发展和员工的个人成长。

情感分析:通过情感分析工具对员工反馈进行深度挖掘,发现员工普遍感到沮丧和失望,认为自己的努力和贡献没有得到应有的认可和支持。

3. I(挖掘意义):

问题根源分析:HRBP 结合数据和员工反馈,深入分析了领导力问题的根源。发现公司缺乏明确的领导力标准和培养机制,导致领导团队在应对复杂挑战时缺乏必要的技能和经验。

影响评估：领导力不足不仅影响了公司的业务发展和市场竞争力，还严重挫伤了员工的积极性和忠诚度。长期来看，这将对公司的文化塑造和人才保留产生负面影响。

4.D(决定行动)：

制订领导力提升计划：基于以上分析，HRBP与公司高层共同制订了领导力提升计划。该计划包括定期举办领导力培训课程、引入外部导师进行一对一辅导、建立领导力评估与反馈机制以及设立领导力激励奖项等。

实施与跟进：HRBP负责计划的实施和跟进工作，确保各项措施得到有效执行。同时，通过定期的评估和调整，确保计划与公司的发展战略和市场需求保持高度一致。

三、结果与影响

经过一段时间的实施和跟进，公司的领导力状况得到了显著改善。领导团队在战略规划、决策执行、团队协作以及员工激励等方面的能力得到了全面提升。员工对领导层的信任度和满意度大幅提高，公司的业务增长和市场竞争力也得到了显著提升。这一成功案例不仅证明了ORID模型在解决领导力问题方面的有效性，也为公司在未来的发展中提供了宝贵的经验和启示。

第3章
实战，底层方法提升工作价值

3.1 高效学习力：HRBP最核心的竞争力，就是学习力

随着市场竞争的加剧和人力资源管理的日益复杂化，距离业务最近的HRBP变得越来越重要。他们不仅需要具备丰富的人力资源管理知识，还需要具备快速适应业务变化的能力。同时，HRBP在面临各种挑战的同时，也面临着学习上的困境。根据多年实践经验，HRBP面临的挑战与学习困境主要有以下四类：

（1）业务快速变化与不确定性：某电商企业在短短几年内经历了从初创期到高速成长期的跨越。随着业务的迅速扩张，HRBP需要快速适应并调整人力资源策略，以满足公司对人才的需求。然而，由于业务变化的不确定性，HRBP往往难以预测未来的人力资源需求，导致在招聘、培训等方面出现偏差。

如何在业务快速变化的环境中保持敏锐的洞察力，及时调整人力资源策略，是HRBP面临的重要挑战。

（2）跨部门沟通与协作的复杂性：HRBP在推动公司文化变革时，需要与各部门经理进行深入沟通，以达成共识。然而，由于各部

门之间的利益冲突和沟通障碍，HRBP经常面临沟通不畅、协作困难的问题。

如何打破部门壁垒，建立有效的跨部门沟通机制，提高协作效率，是HRBP需要解决的重要问题。

（3）专业知识与技能的持续更新：HRBP在参加行业研讨会时，发现许多先进的人力资源管理理念和技术已经广泛应用于其他企业。如何在繁忙的工作之余，保持对专业知识与技能的持续更新和学习，以适应行业发展的需求，是HRBP需要面对的重要挑战。

（4）个人职业发展与学习规划：HRBP在职业发展中遇到瓶颈，为了提升自己的能力，需要参加MBA课程学习战略管理和领导力。如何在个人职业发展与学习规划之间找到平衡点，确保工作与学习的相互促进，是每位HRBP都需要面对的问题。

HRBP要解决如上的挑战和困境，就必须不断通过学习来精进自己的综合能力。

3.1.1　打造高效学习力的框架

对于许多人来说，学习，常常被视为一种枯燥、乏味且充满挑战的任务，当我们谈论坚持学习时，许多人可能需要克服内心的惰性和外部环境的干扰。但是，学习的价值是无可估量的，它不仅能够拓宽我们的视野，增长我们的见识，还能够帮助我们在职场和生活中取得更好的成就。

为了帮助大家更好地应对学习的挑战，笔者根据自己多年持续学习的经验，精心搭建了一个学习能力提升框架。这个框架旨在帮助大家快速掌握提升学习能力的方法，让学习变得更加有趣、高效和持久。

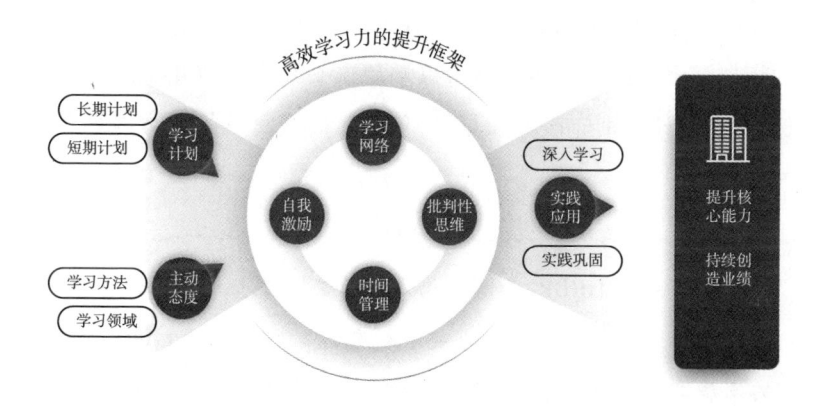

高效学习力的提升框架

长期计划　短期计划　学习计划
学习网络　批判性思维　自我激励　时间管理
深入学习　实践应用　实践巩固
学习方法　学习领域　主动态度
提升核心能力　持续创造业绩

3.1.2　HRBP 高效学习秘籍：路径与实战案例揭秘

1. 制订个人学习计划

在提升学习能力的框架中，制订个人学习计划是至关重要的一步。一个明确、可行的学习计划不仅能帮助我们合理分配时间和资源，还能确保我们在学习过程中始终保持清晰的目标和方向。

（1）明确学习目标和计划：我们需要明确自己的学习目标。这些目标应该与我们的个人职业发展需求和公司业务变化紧密相关。作为 HRBP，我们需要时刻关注公司业务的变化和人力资源管理的最新趋势，因此我们的学习目标也应该围绕这些领域来制订。

（2）评估时间和资源：我们需要评估自己的时间和资源。这意味着我们要审视自己的日常工作安排，看看有多少时间可以用来学习。同时,我们还需要考虑自己的学习资源,比如是否有足够的资金来购买学习材料或参加培训课程。

(3)制订长期和短期的学习计划:制订学习计划应该包括长期和短期两个方面。长期计划可以涵盖未来几个月或几年的学习目标,而短期计划则应该更加具体,包括每周或每月的学习内容和时间安排。

案例

作为一名HRBP,李明意识到随着公司业务的不断扩张,自己的人力资源管理知识也需要不断更新。为了更好地适应公司的发展需求,李明决定制订一份个人学习计划。

·确定学习目标:李明首先明确了自己的学习目标,包括掌握最新的招聘技巧、员工培训和绩效管理等方面的知识。他还特别关注公司当前正在推进的数字化转型,希望能在这一领域有所突破。

·评估时间和资源:李明审视了自己的日常工作安排,发现每周有两天晚上可以腾出时间来学习。他还决定从自己的年度预算中拨出一部分资金用于购买相关的学习材料和参加线上课程。

·制订学习计划:基于自己的学习目标和可用资源,李明制订了一份详细的学习计划。他选择了几本关于人力资源管理最新趋势的书籍进行阅读,并报名参加了一个线上绩效管理课程。此外,他还计划每周安排一次与同事或行业专家的交流讨论,以拓宽自己的视野和获取更多的实践经验。

2. 主动学习和探索

在提升学习能力的框架中,主动学习和探索是至关重要的一环。作为 HRBP,我们不能仅仅满足于自己目前的知识和技能,而应该勇于尝试新的学习领域和方法,不断拓宽自己的知识面。

(1)超越现有知识和技能:主动学习和探索意味着我们要超越自己目前的知识和技能边界。HRBP 的角色要求我们具备广泛的人力资源管理知识和技能,但这并不意味着我们应该止步于此。我们应该时刻保持好奇心和求知欲,积极探索与自己工作相关的其他领域,如组织心理学、人才发展和组织变革等。

(2)尝试新的学习领域和方法:为了拓宽知识面,我们应该勇于尝试新的学习领域和方法,包括参加培训课程、在线学习、阅读专业书籍等。培训课程可以为我们提供系统的知识和实践技能,帮助我们快速适应新的领域。在线学习则更加灵活和便捷,可以让我们随时随地进行学习。而阅读专业书籍则可以帮助我们深入理解某个领域的知识和理论。

(3)与同行和专家交流:除了以上提到的学习方式,与同行和专家交流也是主动学习和探索的重要途径。我们可以参加行业会议、研讨会等活动,与同行和专家面对面交流,了解他们的经验和见解。此外,我们还可以加入专业社群或论坛,与同行进行线上交流,分享彼此的学习心得和经验。

> **案例**
>
> 作为 HRBP 的小王,意识到人力资源管理领域正在经历着快速的变化和挑战。为了保持自己的竞争力和适应公司的发展

需求,小王决定主动学习和探索新的领域和方法。

首先,小王报名参加了一个关于人才发展和组织变革的培训课程。通过这个课程,他深入了解了如何帮助员工实现个人成长和组织变革的关键要素。这让他对人才管理和组织发展有了更加全面的认识。

其次,小王还积极利用在线学习平台,学习了一些与人力资源管理相关的课程,如数据分析和员工心理健康等。这些课程不仅拓宽了他的知识面,还为他开拓了新的视角和思考方式。

此外,小王还主动与同行和专家进行交流。他加入了一个HRBP的专业社群,经常与群里的成员分享自己的学习心得和经验。他还定期参加行业会议和研讨会,与同行和专家面对面交流,了解最新的行业趋势和实践案例。

通过主动学习和探索,小王不仅拓宽了自己的知识面,还提高了自己的专业能力和竞争力。这为他在工作中的表现提供了有力的支持,也为公司的发展带来了更多的价值。

3. 建立学习网络

在持续学习的道路上,建立学习网络是一个不可或缺的策略。对于 HRBP 来说,这意味着要与其他 HRBP、行业专家和同行建立稳固的联系,通过交流和分享经验来不断提升自己的学习能力。

(1)扩大人际资源:建立学习网络的第一步是扩大朋友圈。这可以通过参加行业内的各种活动、研讨会和会议来实现。在这些场合,HRBP 有机会与其他同行和专家面对面交流,了解他们的经验和见解。此外,还可以加入行业组织或专业社群,通过线上平台与更多的人建立联系。

(2)寻找学习伙伴:在学习网络中,寻找学习伙伴也是一个重要的步骤。学习伙伴可以是其他 HRBP,也可以是来自其他行业但具有相似学习目标和兴趣的人。通过与学习伙伴的交流和合作,HRBP 可以共享学习资源和经验,相互鼓励和支持,共同提高学习效率。

(3)积极参与社群讨论:加入专业社群后,积极参与社群的讨论也是一个很好的学习方式。通过分享自己的观点和经验,HRBP 可以与其他成员进行深入的交流和互动,从而拓宽自己的视野和知识面。同时,也可以从其他成员的讨论中学习到新的知识和观点。

案例

作为 HRBP 的小李,意识到建立学习网络对于自己的职业发展至关重要。为了扩大朋友圈并与其他同行建立联系,小李采取了以下措施:

首先,小李积极参加行业内的各种活动和会议。她不仅参加了本地的人力资源管理研讨会,还通过线上平台参加了国际性的 HRBP 论坛。在这些活动中,她有机会与其他 HRBP、行业专家和同行进行深入的交流和互动,了解他们的经验和见解。

> 其次,小李加入了一个 HRBP 的专业社群,并在社群中积极参与讨论。她经常分享自己的工作心得和学习成果,同时也从其他成员的讨论中汲取新的知识和观点。通过社群的交流,小李不仅拓宽了自己的知识面,还与其他成员建立了深厚的友谊和合作关系。
>
> 最后,小李还主动寻找学习伙伴,与来自其他行业的同行进行交流学习。她通过线上平台结识了一位来自科技行业的 HRBP,并开始了定期的学习和交流。通过与合作伙伴的交流和合作,小李不仅拓宽了自己的视野,还从中学到了许多新的知识和技能。
>
> 通过建立学习网络并积极参与社群讨论,小李不仅提高了自己的学习能力,还扩大了朋友圈,为未来的职业发展打下了坚实的基础。

4. 实践应用

学习的最终目的是应用。作为 HRBP,我们必须将所学的知识和技能应用到实际工作中,通过实践来巩固和深化学习。同时,我们还要善于反思和总结,不断改进自己的工作方法和流程,以提高工作效率和质量。

(1) 应用所学知识和技能:实践是检验真理的唯一标准。HRBP 应该积极将所学的理论知识和实践技能应用到工作中。比如,学习了新的招聘技巧后,可以在招聘活动中尝试使用;学习了绩效管理的最新理念后,可以在公司的绩效管理体系中进行实践。通过实践,我们可以更好地理解和掌握知识,发现其在实际工作中的应用价值和局限性。

（2）反思和总结：在实践过程中，HRBP应该时刻保持反思和总结的态度。每次实践后，都要对自己的工作方法和流程进行审视，找出其中的不足和错误，思考如何改进和优化。同时，还要善于总结经验教训，形成自己的实践心得和知识体系。这些反思和总结不仅可以提高我们的工作效率和质量，还可以为我们的职业发展提供宝贵的经验。

（3）持续改进和优化：实践应用不仅是将所学知识应用到工作中，还包括对工作方法和流程的持续改进和优化。HRBP应该时刻保持敏锐的洞察力和创新精神，不断探索新的工作方法和流程，以适应公司的发展和变化。通过持续改进和优化，我们可以提高工作效率、降低成本、提升员工满意度，进而为公司创造更大的价值。

案例

作为HRBP的小张，深知实践应用的重要性。为了将所学的知识和技能应用到实际工作中，并不断改进自己的工作方法和流程，小张采取了以下措施：

首先，小张在招聘活动中积极应用了所学的招聘技巧。他重新设计了招聘流程和面试环节，注重候选人的潜力和发展潜力，而非仅仅关注其过往经验。通过实践，他发现这种新的招聘方式更能吸引和留住优秀的人才，为公司注入新的活力。

> 其次,小张对公司的绩效管理体系进行了反思和总结。他发现原有的绩效管理体系存在一些问题,如评价标准不够明确、反馈机制不够完善等。于是,他积极与上级和同事沟通,对绩效管理体系进行了改进和优化。新的绩效管理体系更加注重员工的个人发展和成长,同时也更加公平和透明。
>
> 最后,小张还不断探索新的工作方法和流程。他通过参加行业内的培训和研讨会,学习了许多前沿的 HRBP 实践经验和知识。回到公司后,他将这些新的理念和方法应用到工作中,不断改进和优化自己的工作方法和流程。这些改进不仅提高了工作效率和质量,还为公司的发展提供了有力的支持。
>
> 通过实践应用、反思总结和持续改进优化,小张不仅将所学的知识和技能应用到了实际工作中,还不断提高了自己的工作能力和水平。这为他在 HRBP 领域的职业发展奠定了坚实的基础。

5. 培养批判性思维

在持续学习的过程中,培养批判性思维是至关重要的一步。批判性思维不仅是对信息的简单接受,更是一种对信息的独立思考、深度分析和审慎评估的能力。对于 HRBP 来说,这意味着在面对复杂的人力资源问题时,要能够运用批判性思维来做出明智的决策。

(1)独立思考与分析:批判性思维鼓励 HRBP 在学习过程中摆脱惯性思维,培养独立思考和分析的能力。这意味着在面对各种人力资源理论、方法和实践时,不能盲目接受,而是进行深入的思考和分析。比如,在评估一项新的员工培训计划时,不仅要考虑计划的表面效果,还要深入分析其对员工绩效、组织文化以及公司整体战略目标的影响。

(2)筛选和评估信息:在信息爆炸的时代,批判性思维能够帮助 HRBP 筛选出真正有价值的信息,避免被无用或错误的信息误导。例如在收集和分析市场薪酬数据时,HRBP 应该运用批判性思维,对比不同来源的数据,评估其真实性和可靠性,以确保最终制订的薪酬策略既符合市场趋势,又能有效激励员工。

(3)提高学习质量和效率:批判性思维有助于 HRBP 在学习过程中去伪存真,避免浪费时间在无效或低效的学习上。通过批判性地评估学习资源的质量和内容,HRBP 可以选择更加适合自己的学习路径和方法,从而提高学习质量和效率。

> **案例**
>
> 作为 HRBP 的小赵,在面对公司即将进行的一次重大组织变革时,展现出了出色的批判性思维。变革计划提出后,小赵没有立即接受并执行,而是首先对其进行了深入的思考和分析。
>
> 小赵发现变革计划中的一些假设和数据可能存在问题。他利用批判性思维,对比了不同来源的市场数据,分析了变革计划对公司各个部门和员工群体的潜在影响,并考虑了变革过程中可能出现的各种风险和挑战。
>
> 通过这一系列批判性的分析,小赵向公司高层提出了一些

> 关键问题和建议。他建议对变革计划中的一些关键假设进行进一步验证,同时提出了一些降低变革风险和提高变革成功率的策略。
>
> 最终,小赵的建议得到了公司高层的认可,变革计划在经过进一步的优化和完善后得以顺利实施。这次经历不仅展现了小赵的批判性思维能力,也为他在公司内部的职业发展奠定了坚实的基础。

6. 时间管理和自我激励

在学习的过程中,有效的时间管理和自我激励是确保持续进步和提升学习能力的关键。对于 HRBP 来说,这意味着在繁忙的工作之余,需要合理安排学习时间,克服拖延习惯,保持积极的学习态度,并通过自我激励来持续推动自己的学习进程。

(1)合理安排学习时间:时间管理是学习过程中的基石。HRBP 需要学会在忙碌的工作日程中,为自己的学习腾出时间。这包括制订明确的学习计划,设置任务优先级以及学会拒绝一些不必要的任务,从而确保有足够的时间和精力投入学习中。

(2)避免拖延和浪费时间:拖延症是许多人在学习过程中都会遇到的问题。作为 HRBP,应该认识到拖延只会浪费时间,影响学习进度和效果。因此,要学会识别拖延的诱因,并采取积极的措施来克服它,如使用番茄工作法、设定明确的目标等。

(3)保持积极的学习态度和动力:学习态度对于学习效果有着重要的影响。HRBP 应该保持积极、开放和探索性的学习心态,不断寻求学习的乐趣和成就感。同时,要明确学习对于个人职业发展的重要性,从而保持持续的学习动力。

(4)自我激励和奖励:自我激励是推动学习进程的关键。HRBP可以通过设定明确的学习目标和建立奖励机制来激励自己。每当达到一个学习目标时,可以给予自己一些小奖励,如看一部电影、购买一件心仪的物品等。这种正向反馈能够增强我们的学习动力,促使自己不断前进。

案例

作为HRBP的小刘,他深知时间管理和自我激励对于学习的重要性。为了在学习和工作中保持平衡,小刘采取了以下措施:

首先,小刘制订了详细的学习计划,并设定了明确的学习目标和时间表。他使用番茄工作法来管理时间,将学习时间划分为若干个25分钟的工作周期,并在每个周期结束后休息5分钟。这种方法帮助他提高了学习效率和专注力。

其次,为了克服拖延症,小刘设定了奖惩机制。他为自己设定了每周计划完成学习任务的目标,并承诺如果达到目标就给自己一个小奖励,如看一场电影或购买一本心仪的书。这种正向激励使他更有动力按时完成学习任务。

最后,小刘保持积极的学习态度和动力。他不断提醒自己学习对于个人职业发展的重要性,并在学习过程中寻找乐趣和成就感。每当遇到困难和挫折时,他都会鼓励自己坚持下去,相信自己能够克服困难并取得成功。

> 通过合理的时间管理和自我激励，小刘在学习过程中取得了显著的进步。他不仅成功完成了学习任务，还提高了自己的学习能力和工作效率。这些经验为他未来的职业发展奠定了坚实的基础。

3.2 深度倾听力：快速建立同理心，听懂对方话外音

想做好 HRBP 的工作，深度倾听是一项非常重要的能力。HRBP 不仅是组织与员工之间的桥梁，更是员工心声的倾听者和解读者。深度倾听能够帮助 HRBP 准确捕捉员工的真实想法和需求，理解他们面临的挑战和困扰，从而更好地为他们提供支持和帮助。通过深度倾听，HRBP 能够建立起与员工的深厚信任关系，让员工感受到被重视和关心，进而增强员工的归属感和工作积极性。同时，深度倾听也是 HRBP 发现问题、解决问题的重要手段，它能够帮助 HRBP 及时发现组织中的问题和矛盾，为组织提供有针对性的改进建议。因此，对于 HRBP 来说，深度倾听能力不仅是其职业能力的核心组成部分，更是其职业成功的关键要素。只有具备了深度倾听能力，HRBP 才能更好地履行职责，为组织创造更大的价值。

3.2.1 深度倾听：你真的"听"懂了吗

深度倾听是一种积极的、全神贯注的倾听方式。它要求倾听者在交流过程中，不仅要听到对方的语言，更要理解对方语言背后的情感、需求和意图。这种倾听方式需要倾听者站在对方的角度思

考,设身处地理解对方的感受和需求,而非仅仅停留在表面的理解和回应上。

深度倾听的过程可以分为三个层次:

(1)听到对方的语言。这是最基本的层次,要求倾听者能够准确地接收对方的信息。

(2)理解对方的情感和需求。这是更深一层的倾听,要求倾听者能够感知到对方的情绪状态和需求背后的原因。

(3)把握对方的意图和目的。这是最高层次的倾听,要求倾听者能够洞察对方的真实意图,从而更好地进行沟通和交流。

与深度倾听相对应的是表面倾听。表面倾听是指倾听者仅仅关注对方说话的字面意思,而未深入去理解其背后的情感、需求和意图。这种倾听方式往往只能捕捉到信息的表面,缺乏深度和全面性。在表面倾听中,倾听者可能会错过对方的重要信息,甚至产生误解,导致沟通效果不佳。

下面通过一张表格来对深度倾听与表面倾听作对比。

对比维度	深度倾听	表面倾听
倾听层次	深入理解,站在对方的角度思考,设身处地理解对方的感受和需求	停留在表面,仅获取到信息的字面意思
沟通效果	准确理解对方的意思,把握对方的真实需求和意图,建立良好的沟通关系	可能错过对方的重要信息,产生误解,导致沟通效果不佳
投入程度	全身心投入,关注对方的情感和需求,展现同理心	较为随意,缺乏专注和投入

3.2.2 如何修炼深度倾听的"内功"

如何培养深度倾听能力呢？具体建议如下：

1. 保持开放的心态，避免先入为主

在倾听的过程中，开放的心态是建立深度沟通的基础。这种开放的心态要求我们摒弃个人的偏见和预设观念，摆脱固有思维的束缚，以更加客观和包容的态度去接收和理解对方的信息。

我们需要放下自己的主观判断，避免过早地对对方的观点或情感做出判断或假设。我们在倾听时要保持一种中立的态度，不能带有任何偏见或成见，让对方能够自由地表达自己的意见和感受。

同时，保持好奇心和探究精神也是培养开放心态的关键。我们应该以一种探索的心态去倾听对方的话语，允许自己从中发现新的想法和视角。我们不仅要关注对方所说的内容，还要关注其背后的意图、情感和价值观。通过提问和深入交流，我们可以更深入地了解对方的内心世界，从而建立更加深入的联系和沟通。

此外，我们在倾听时要保持耐心和尊重，不要轻易打断对方的发言，而要给予对方充分的时间和空间来表达自己的观点和感受。同时，我们也要尊重对方的差异和多样性，接纳不同的意见和看法。

2. 积极回应，展现同理心

积极回应是深度倾听的关键环节。它不仅是一种简单的反馈，更是对对方话语的认真和尊重的展现。当对方在发言时，我们应该通过多种方式表达关注和认同。

（1）肢体语言，如点头和微笑是非常直观的表达方式。当对方在讲述某个观点或经历时,我们轻轻地点头,表示在倾听并理解他们的话语。而微笑则能传递出我们对对方话语的积极态度,让对方感到被接纳和尊重。

(2)眼神交流也是积极回应的重要组成部分。当我们与对方进行眼神交流时,我们向他们传达的是尊重和关注。这种眼神交流能够让对方感到被重视,从而更加愿意与我们分享他们的想法和感受。

(3)除了肢体语言和眼神交流,我们还可以通过言语来积极回应对方。例如,用简单的话语来表示我们理解对方的意思,如"我明白你的意思"或"这对你来说一定很重要"。这样的回应不仅鼓励对方继续分享,还能建立信任感,让对方感到真正被理解和支持。

(4)展现同理心也是积极回应的主要一环。同理心意味着我们尝试站在对方的角度思考,理解他们的感受和需求。当我们展现出同理心时,对方会感到被深深理解和支持,这有助于建立更加深入的沟通和联系。为了展现同理心,我们可以主动询问对方的感受和需求,并尝试从他们的角度理解问题,同时给予积极的支持和建议。

3. 提问与澄清,确保理解准确

为了确保我们真正准确地理解对方的意思,提问和澄清是深度倾听中不可或缺的步骤。

(1)提问是深度倾听中的一项重要技巧。在对方发言的过程中,我们可以适时地提出问题,以进一步了解他们的观点或感受。这些问题可以是对细节的追问,也可以是对整体理解的确认。

（2）在倾听过程中，我们应该勇于澄清自己的理解，确保双方的信息传递没有误解。这意味着我们需要将自己的理解用自己的话表达出来，看看对方是否认同。如果对方有异议或补充，我们应该及时调整自己的理解，确保与对方表达的意图保持一致。

提问和澄清的结合使用，是一种双向的、互动的交流方式，有助于建立起一种深入而有效的沟通。

对于 HRBP 来说，深度倾听并理解员工的需求和问题，是他们工作中的重要任务。通过提问和澄清，HRBP 可以更准确地把握员工的真实想法和感受，从而为他们提供更有针对性的支持和帮助。这不仅能够增强员工的归属感和满意度，还能够促进组织的和谐与发展。

4. 注意非言语信号，如面部表情、肢体语言等

在沟通的过程中，非言语信号扮演着至关重要的角色，它们可以传递出对方的情感、态度以及潜在的意图。因此，当我们试图深度倾听对方时，必须学会观察和解读这些非言语信号。

首先，对方的面部表情是传达情感的重要窗口。我们可以通过观察对方的眼神、眉头和嘴角等细微变化来感知对方的情绪状态。例如，当对方眉头紧锁时，可能表示他们正在思考或感到困惑；而当对方嘴角上扬时，则可能表示他们感到愉悦或满意。通过关注这些面部表情的变化，我们能够更深入地了解对方的情感状态，从而更加准确地理解他们的意图和需求。

其次，肢体语言也是传递信息的重要方式。对方的姿势、动作以及手势等都可以传递出他们的态度和意图。例如，当对方身体前倾、双手交握时，可能表示他们正在认真倾听并关注着我们的话语；

而当对方双臂交叉、身体后仰时,则可能表示他们对我们的话语持有保留态度或有所防备。通过观察和解读这些肢体语言,我们能够更加准确地把握对方的态度和意图,从而更好地与他们建立联系和沟通。

此外,语气也是非言语信号中不可忽视的一部分。对方说话时的音调、语速以及声音的抑扬顿挫等都可以传递出他们的情感和态度。例如,当对方语气坚定、语速较快时,可能表示他们对自己的观点充满信心;而当对方语气柔和、语速缓慢时,则可能表示他们正在尝试与我们建立一种更加亲密和友好的关系。通过倾听对方的语气变化,我们能够更加深入地了解他们的情感和态度,从而更好地与他们进行交流和互动。

3.2.3 深度倾听的魅力:实战案例分享

HRBP 在战略、组织、人才和文化等各个方面都会广泛地运用深度倾听能力,有时并非刻意使用,但这种能力确实渗透在方方面面,下面列举几个具体的案例供读者朋友阅读学习。

案例一:公司重大组织变革中的深度倾听实践

背景:

某大型科技公司正在进行一次重大的组织变革,涉及部门重组、职位调整以及新的工作流程引入。这一变革引起了员工们广泛的关注和不安,担心自己的职位受到影响,害怕不适应新的工作环境和流程。

HRBP 的行动:

面对员工的担忧和焦虑,公司的 HRBP 决定采取行动,以确保变革能够平稳进行并得到员工的支持。

（1）组织座谈会：HRBP首先组织了一系列员工座谈会，邀请不同部门和层级的员工参加。她鼓励员工们自由发言，分享他们对变革的担忧、建议和期望。

（2）深度倾听：在座谈会上，HRBP运用深度倾听的技巧，认真听取每位员工的发言。她不仅关注员工们表达的具体问题，还注意他们的情绪变化和语气，试图理解他们背后的真实感受。

（3）信息整理：座谈会结束后，HRBP整理了收集到的信息。她发现员工们主要担心的是职位稳定性、新工作流程的适应以及公司变革对个人发展的影响。同时，员工们也提出了一些建议，如希望公司提供更多的培训和指导，以及确保变革过程中的沟通透明。

（4）与变革团队合作：基于这些信息，HRBP与公司的变革团队进行了深入的讨论。她向团队传达了员工的担忧和建议，并强调在制订变革方案时需要更加关注员工的感受和需求。

（5）制订人性化的变革方案：变革团队根据HRBP提供的信息，对变革方案进行了调整。他们增加了员工的培训和指导，提供了更多的支持和帮助。同时，他们还加强了与员工的沟通，确保变革过程中的信息透明和及时更新。

结果：

通过深度倾听和与变革团队的紧密合作，公司成功地制订了更加人性化的变革方案。这一方案不仅考虑到了公司的战略需求，还充分考虑了员工的感受和需求。变革过程中，员工们得到了足够的支持和帮助，他们更加积极地参与到变革中来。最终，变革得以顺利推进，员工的满意度和忠诚度也得到了提高。

案例二：HRBP 助力高潜力员工明确职业方向

背景：

李华，公司的一名年轻项目经理，表现出色，被公司视为高潜力员工。然而，在最近的一次绩效评估后，李华向 HRBP 张女士表达了自己对于职业发展的困惑和迷茫。他觉得自己目前的工作虽然稳定，但缺乏挑战性，对于未来的发展方向并不明确。

HRBP 的行动：

(1)深度倾听：张女士决定运用深度倾听的能力，与李华进行深入沟通。她安排了一个私密、安静的环境，让李华能够自由地表达自己的想法和感受。她耐心听取了李华对于职业目标的追求、目前的困惑以及对未来的期望。

(2)理解与分析：在倾听的过程中，张女士不仅关注李华的话语内容，还注意他的语气、表情和肢体语言。她发现李华对于项目管理领域有着浓厚的兴趣，但同时也渴望能够接触到更多元化的工作内容，提升自己的综合能力。

(3)量身定制职业规划：结合公司的发展需求和李华的个人特点，张女士开始为他量身定制一份详细的职业发展规划。她建议李华在短期内参与更多的跨部门合作项目，以拓宽视野和增强团队协作能力。同时，她还鼓励李华参加公司内部的培训课程和外部的行业研讨会，以提升自己的专业知识和技能。

(4)持续支持与反馈：为了确保职业规划的有效实施，张女士与李华约定了定期的跟进会议。在这些会议上，李华可以分享自己的进展、遇到的挑战以及需要的支持。张女士则根据李华的情况提供及时的反馈和建议，帮助他不断调整和优化职业规划。

结果：

通过深度倾听和量身定制的职业发展规划，李华逐渐找到了自己的职业发展方向。他参与了多个跨部门合作项目，不仅拓宽了视野，还提升了团队协作能力。同时，通过参加培训和研讨会，他的专业知识和技能也得到了显著的提升。现在的李华工作充满热情，创造力十足，成了公司内部的佼佼者。他也对HRBP张女士的帮助表示衷心的感谢。

下面为可以运用深度倾听能力的更多场景。当你遇到这些场景时，不妨翻看一下本章节内容，以帮你更好地解决这些问题。

工作场景	深度倾听的应用	目的和益处
团队建设	在团队建设活动中，通过深度倾听了解每个成员的想法、意见和建议	促进团队凝聚力和协作，建立更加高效和富有成果的团队
员工辅导	在员工面临困难或挑战时，运用深度倾听提供支持和指导	帮助员工解决问题，提升员工的工作满意度和绩效
企业文化塑造	通过深度倾听了解员工对企业文化的期望和需求	制订更符合员工期望的企业文化制度，提高员工的归属感和忠诚度
多样性与包容性	在处理多样性和包容性问题时，通过深度倾听了解不同员工群体的观点和体验	促进组织的多样性和包容性，减少歧视和偏见，提高员工的工作满意度
员工心理健康	在关注员工心理健康时，运用深度倾听技巧，了解员工的情感状态和需求	提供适当的支持和资源，帮助员工维护心理健康，提高工作效率和幸福感
变革管理	在管理组织变革时，通过深度倾听了解员工对变革的接受程度和反馈	确保变革过程中的员工参与和支持，减少变革带来的负面影响

续上表

工作场景	深度倾听的应用	目的和益处
领导力发展	在培养和发展领导力时,运用深度倾听技巧,了解领导者的管理风格和员工对其的看法	提供有针对性的领导力培训和发展建议,提高领导者的领导效能和影响力
员工离职面谈	在员工离职时,通过深度倾听了解员工的离职原因、对公司的看法和建议	获取宝贵的离职员工反馈,为改进组织提供依据,同时维护公司形象和声誉

3.3 卓越执行力:执行力,拿到高绩效的关键基础

《从优秀到卓越》这本书中写道:"人们往往高估了决策的重要性,而低估了执行的重要性。事实上,真正的挑战不在于制订策略,而在于执行策略"。

执行力,不仅是 HRBP 自己作为职场人被领导认可,实现高绩效的基础,更是企业实现战略目标的核心要素。

它架起了连接企业战略与实际操作之间的桥梁。倘若缺乏强大的执行力,任何美好的愿景和宏伟的目标都只会是空中楼阁,难以落地成真。执行力能够将组织的战略意图切实转化为具体行动,确保每个成员都朝着共同的目标奋进。

高效的执行力意味着企业能够快速响应市场变化,更好地满足客户和组织内部的需求。拥有出色执行力的团队能够迅速做出决策,减少内耗和延误,以更高效率完成任务,从而取得更好的成果。

当领导者和团队成员都展现出强大的执行力时,他们更容易建

立起深厚的信任。这种信任不仅有助于信息的有效沟通,还会增强团队成员跟随领导者的意愿,共同为组织的发展贡献力量。

因此,HRBP既要不断提高自身的执行力,也要积极赋能团队,以推动企业整体执行力的提高。

3.3.1 卓越执行力:不只是完成任务那么简单

卓越执行力是一种高水平的执行能力,是指领导者或团队能够通过有效的计划、组织、控制和实施等手段,快速、高效地完成目标,并将这些能力转化为实际的成果。这种执行力不仅体现在领导者的行动上,更体现在团队成员的行动上。在这种执行力的引导下,团队成员能够以快速的、高效的方式完成任务,最终实现组织或团队的目标。

卓越执行力具有以下五个特点:

·明确目标:执行者能够清晰地理解目标,并将其转化为具体的行动计划和步骤。

·快速决策:在面对挑战和变化时,执行者能够迅速做出决策,并调整策略以适应新的情况。

·有效沟通:执行者能够清晰地传达指令和期望,确保团队成员之间的信息流通和协作顺畅。

·高效执行:执行者能够充分利用资源,优化流程,以最高的效率完成任务。

·持续学习:执行者具备持续学习和自我提升的能力,不断改进和优化执行过程。

对于HRBP来说,卓越执行力意味着能够更好地理解组织的战略目标和需求,将其转化为具体的人力资源计划和行动,并推动这些计划的有效实施。同时,HRBP还需要具备领导力和影响力,能够激励和引导团队成员共同实现目标。通过培养卓越的执行力,HRBP可以为组织创造更大的价值,推动组织的长期发展。

3.3.2 HRBP的执行力提升秘籍:策略大揭秘

1. 出现执行问题的原因

执行力如此重要,HRBP也非常重视,但为何在实际工作中HRBP自身以及业务团队在计划执行上还是会出现不同程度的问题呢?我们来展开剖析一下:

(1)目标与策略不明确:

缺乏清晰的目标:如果目标不清晰和不具体,就很难衡量进度和成果,从而影响执行力。

策略与目标不匹配:如果策略制订时没有充分考虑到组织的实际情况和资源,就很难实现目标。

(2)组织文化与氛围:

缺乏信任:如果团队内部缺乏信任,成员之间就难以协作,执行力会受到影响。

害怕失败:如果组织文化过于强调避免失败,而不是鼓励尝试和创新,那么团队成员可能会因为担心失败而不敢采取行动。

(3)沟通与协作问题:

信息不流通:如果信息在团队内部不能有效流通,那么成员之间就难以协同工作,执行力会受到影响。

角色与责任不明确:如果团队成员的角色和责任不明确,那么就很难追究责任,难以保证任务的顺利完成。

(4)激励与考核机制:

激励不足:如果激励机制不完善,那么团队成员就可能缺乏动力去执行任务。

考核不公正:如果考核机制不公正,那么团队成员就可能对任务产生抵触情绪,从而影响目标的执行。

(5)个人能力与态度:

能力不足:如果团队成员缺乏必要的技能和知识,那么即使他们有强烈的执行意愿,也难以完成任务。

态度问题:如果团队成员对任务缺乏认同感和责任感,那么他们就可能对任务敷衍了事,从而影响目标的执行。

(6)外部环境与变化:

市场变化:外部环境的变化,如市场需求的波动、竞争对手的策略调整等,都可能对执行力产生影响。

政策调整:组织内部的政策调整也可能对执行力产生影响,如预算削减、人员变动等。

在理解了这些主观和客观原因之后,我们来思考提升执行力的具体策略,可以从如下六个维度来入手:

2. 具体做法

(1)明确目标与策略:

①制订清晰的目标:确保团队的目标具有明确性、可衡量性和可实现性是提高执行力的第一步。清晰的目标能够为团队成员提供一个明确的工作方向,使他们知道自己的工作重点和预期成果。为了实现这一目标,HRBP可以采取以下具体措施:

・SMART原则:应用SMART原则(具体、可衡量、可达成、相关性、时限性)来制订目标。这有助于确保目标既具有挑战性又有可行性,同时也方便团队成员理解和执行。

・目标共识:组织团队成员共同参与目标的制订过程,确保每个人都对目标有深入的理解和认同。这有助于增强团队成员的责任感和主动性,提高他们为实现目标而努力的意愿。

・目标分解:将整体目标分解为若干个子目标或任务,为每个子目标或任务设定具体的完成时间和责任人。这有助于确保团队成员能够有条不紊地推进工作,逐步实现整体目标。

②策略与目标统一:制订策略时,要确保它们与团队的目标紧密相关,同时考虑到组织的实际情况和资源。策略应该是目标实现的桥梁,而不是与目标相脱节的孤立行动。为了实现策略与目标的统一,HRBP可以采取以下措施:

・策略制订过程:在制订策略时,要充分考虑团队的目标和组织的实际情况。通过收集和分析相关数据和信息,了解组织的优势、劣势、机会和威胁,确保制订的策略既符合团队目标又具有可行性。

・资源评估:在制订策略时,要对组织的资源进行合理评估。这包括人力资源、财务资源和技术资源等方面。确保策略的制订和实施不会超出组织资源的承受能力,避免因为资源不足而导致策略执行困难。

・策略调整与优化:如果发现策略与目标出现偏差或策略实施遇到困难,要及时进行调整和优化。这有助于确保策略始终与团队目标保持一致,提高策略的执行效果。

(2)建立高效沟通机制:

①定期沟通会议:定期沟通会议是提升团队执行力的重要手段之一。通过组织定期会议,HRBP可以确保团队成员有一个集中的平台来分享工作进展、讨论遇到的问题以及所需的支持。这不仅有助于增强团队之间的沟通和协作,还能够及时发现和解决问题,确保项目或任务的顺利进行。

·设定会议频率和议程:会议的频率应根据团队的规模和项目的紧急性进行合理调整。例如,每周一次或每两周一次的会议可能较为适宜大多数团队。同时,HRBP要制订每次会议的议程,确保会议能够高效且有针对性地进行。议程可以包括工作进展汇报、问题讨论、支持请求等环节。

·促进开放和坦诚的交流:在会议中,HRBP需要营造一个开放、坦诚的交流氛围。鼓励团队成员积极分享自己的工作进展、提出问题以及寻求支持。同时,HRBP还应引导团队成员之间进行相互反馈,以便及时发现并解决问题。

·确保会议效果:为了确保会议效果,HRBP可以采取一些措施。例如,为每个团队成员分配固定的发言时间,避免会议时间过长或偏离主题。此外,HRBP还可以指定一名记录员,负责记录会议中的重要信息和决策,确保会后能够及时跟进和落实。

②建立反馈循环:除了定期沟通会议外,建立反馈循环也是提高团队执行力的重要措施。反馈循环指的是团队成员之间能够及时、准确地提供反馈,以便及时调整工作方向和解决问题。

·鼓励主动反馈:HRBP需要鼓励团队成员之间主动提供反馈。这包括在工作过程中及时指出同事的优点和不足,以及在定期沟通会议上分享自己的经验和建议。通过主动反馈，团队成员可以相互学习、共同进步，提高整个团队的执行力。

·确保反馈的有效性：为了确保反馈的有效性，HRBP需要引导团队成员提供具体、明确的反馈。避免使用模糊、笼统的表述，应该明确指出问题的原因、影响以及可能的解决方案。同时，HRBP也要确保反馈是建设性的，旨在帮助同事改进和提高，而不是批评或指责。

·跟进和落实反馈：在接收到反馈后，HRBP需要确保团队成员能够及时跟进和落实。这可以通过制订具体的行动计划、分配责任人以及设定截止日期来实现。同时，HRBP还需要在后续的沟通会议中关注这些反馈的落实情况，确保问题得到解决、改进措施得到有效执行。

（3）优化流程与工具：

①简化工作流程：对于任何团队来说，一个高效且顺畅的工作流程是至关重要的。然而，随着业务的不断发展和团队规模的扩大，工作流程可能会变得复杂且冗余，导致工作效率下降。因此，HRBP需要定期对现有的工作流程进行审查和优化，以去除不必要的步骤和瓶颈，从而提高工作效率。

这包括与团队成员进行深入交流，了解他们在工作中遇到的问题和困难，以及分析现有的流程图和文档。通过这一过程，HRBP可以清晰地识别出流程中的瓶颈和冗余步骤，然后着手优化流程设计。这包括：

·消除冗余步骤：对于那些不增值或重复性的步骤，HRBP需要果断地将其删除。这不仅可以减少团队成员的工作负担，还可以缩短工作周期,提高工作效率。

・合并相似任务:对于那些性质相似或相互关联的任务,HRBP可以考虑将其合并为一个任务,从而减少任务切换的成本和时间。

・简化决策过程:在流程中涉及决策的环节,HRBP需要确保决策过程简单明了,避免过多的层级和审批流程。

②引入高效工具:引入适合团队需求的高效工具和技术也是提高工作效率的关键。HRBP需要根据团队的实际情况和需求,选择适合的工具进行引入。

在选择适合的工具时,HRBP需要考虑以下几个方面:

・功能性:工具是否能够满足团队在工作中的实际需求?

・易用性:团队成员是否能够快速上手并熟练使用该工具?

・成本效益:工具的引入是否能够在短期内带来明显的效益?

在引入工具后,HRBP还需要组织相应的培训和推广活动,确保团队成员能够充分利用这些工具来提高工作效率。这可以包括定期的培训课程、在线教程以及定期的使用反馈会议等。

此外,HRBP还需要持续监控工作流程和工具的使用情况,并根据实际情况进行持续改进。这可以通过定期的评估会议、数据分析和用户反馈等方式来实现。通过不断优化工作流程和引入新的工具和技术,HRBP可以帮助团队实现更高的工作效率和更好的业绩。

(4)培养团队文化与氛围:

①强调信任与协作:在高效团队中,信任与协作是不可或缺的基石。当团队成员之间建立了深厚的信任关系,他们会更愿意分享知识、经验和资源,从而推动整个团队向前发展。为了营造这样的

氛围，HRBP可以采取以下措施：

·HRBP需要鼓励团队成员积极倾听他人的观点和建议，并尊重彼此的差异。当团队成员感到自己的声音被听到和尊重时，他们更有可能建立起信任关系，并愿意与他人协作。

·HRBP可以组织一些团队建设活动，如户外拓展和团队培训等。这些活动不仅有助于增强团队凝聚力，还可以让成员们更好地了解彼此，从而建立起更深厚的信任关系。

·为了激发团队成员的创新精神，HRBP需要为他们提供一定的容错空间，允许他们在工作中尝试新的方法和思路。

②建立创新激励机制：HRBP可以设立创新奖励机制，对提出创新性想法和解决方案的团队成员给予表彰和奖励。这将鼓励更多的团队成员勇于尝试和创新，从而推动团队的整体进步。

除了物质奖励外，HRBP还需要在团队内部营造一种开放、包容的创新氛围。这意味着团队成员可以自由地表达自己的观点和建议，即使它们可能与主流意见不同。当团队成员感到自己的创新想法得到认可和支持时，他们更有可能将其付诸实践。

为了支持团队成员的创新尝试，HRBP需要提供必要的资源和支持。这包括提供学习和发展机会、分配专门的资源或时间以及提供风险管理的指导等。有了这些支持，团队成员将更有信心去尝试新的方法和思路。

（5）完善激励与考核机制：

激发团队成员的工作动力，关键在于深入了解他们的个性和需求，并据此制订激励机制。奖励是最直接的激励方式，可以根据个人贡献设立绩效奖金，或者提供团队奖励以促进合作。此外，根据成员的职业规划提供培训机会,让他们在工作中不断成长,也是一种长期有效的激励。

除了奖励和培训,给予晋升机会也是激励团队成员的重要方式。明确的晋升通道和公正的评估标准能够确保成员的努力得到应有的回报,同时也能激励他们不断追求卓越。

在激励机制的同时,建立公正的考核机制同样重要。公正的考核能够确保每个成员的付出得到合理的认可,避免产生不公平的感觉。考核标准应该明确、客观,并且与团队成员的日常工作紧密相关。同时,考核机制应该鼓励成员持续改进,通过反馈和指导帮助他们提升工作质量和效率。

(6)提升个人能力与态度:

在现今竞争日益激烈的市场环境中,为团队成员提供培训与发展机会显得尤为关键。这不仅有助于他们提升技能和知识水平,更好地执行任务,还能增强团队的凝聚力和竞争力。

①提供培训与发展机会:

为了满足团队成员的个人成长需求和职业发展规划,HRBP应该定期组织内部培训、外部研讨会或在线课程等多样化的培训活动。这些培训应涵盖技术技能、团队协作、领导力等多个方面,旨在帮助成员们不断提升自己的专业能力。同时,还应该鼓励团队成员参加行业认证考试,为他们提供必要的支持和资源,以便他们获得更广阔的发展空间和职业机会。

②培养积极的工作态度:

除了技能和知识上的提升,培养团队成员积极的工作态度同样重要。HRBP可以通过团队建设活动来增强团队的凝聚力和协作能力,如户外拓展、团队游戏等。这些活动有助于成员们建立信任、增进沟通,从而形成更加积极的工作氛围。此外,心理辅导也是培养积极工作态度的重要途径,可以邀请专业心理咨询师为团队成员提供心理辅导服务,帮助他们缓解工作压力、调整心态,以更加积极的态度面对工作中的挑战。

3.4 有效提问力:好问题,引发对方的深度觉察

《深度工作》一书中提到:"在深度工作中,提问能力尤为重要。通过提出具有深度和洞察力的问题,我们能够引导自己或他人深入探索工作的本质和目的。这样的提问不仅能够促进深度思考,还能激发创新思维,推动工作的不断进步。"

作为连接员工与企业战略之间的桥梁,HRBP 不仅要拥有扎实的人力资源专业知识,能够处理日常的人事事务,更要具备出色的提问能力,以更好地促进员工与企业的互动和发展。

3.4.1 你真的会提问吗

提问力,简单来说,就是一个人提出问题的能力。它涉及对问题的敏感度、理解能力和表达能力。

提问力不仅仅是一种技能,更是一种互动式的对话能力。一个具有良好提问力的人,能够通过提出深层次问题来挖掘问题的本质,深入探究问题的内涵。这种能力在职场中尤为重要,因为它可以帮助 HRBP 等人员更好地了解员工的需求,建立信任,促进深度对话,从而推动个人和组织的共同成长。

提问力也是一种有效的学习方法,通过提出各种问题,我们可以针对性地学习,使学习过程变得更具针对性和效率。因此,提问力不仅是解决实际问题的有效方法,也是一种我们应该积极培养和发展的能力。

掌握提问力的强弱,就像是在观察两个截然不同的沟通场景。提问力较弱时,沟通往往显得平淡无奇,难以触及深处;而提问力强时,沟通则变得富有深度,能够直指问题核心。

提问力较弱的表现:

・缺乏针对性:提出的问题过于宽泛或笼统,焦点不明确,导致回答者难以给出准确的回应。

・缺乏深度:问题停留在表面层次,没有深入触及问题的本质或核心,难以激发深入的思考。

・缺乏引导性:所提出的问题没有明确的引导方向,无法有效地引导回答者进入预期的讨论范围或思考框架。

・缺乏互动性:提问者未能与回答者形成良好的互动,无法根据回答者的反馈适时调整问题或深入引导。

提问力较强的表现:

・具有针对性:问题明确、具体,直接指向问题的核心,使回答者能够清晰理解并给出准确回应。

・具有深度:问题触及问题的本质和内涵,能够引发回答者的深度思考和自我反思。

・具有引导性:问题具有明确的指向性,能够有效地引导回答者进入预期的讨论或思考路径,甚至激发回答者自行发现问题。

・具有互动性:提问者能灵活根据回答者的反馈来调整问题,

与回答者保持积极互动,使沟通更加深入和有效。

3.4.2　HRBP 提问力提升术:从此问出深度

HRBP 提升自身的提问能力不会一蹴而就形成,而是需要一个不断学习和沉淀的过程。正如《学会提问》中写道:"提问能力不是一蹴而就的,它需要我们不断地学习、反思和改进。只有通过持续的努力,我们才能逐渐掌握提问的精髓,成为一名优秀的提问者。"

笔者结合多年在提问方面的沉淀与积累,为读者总结为提问的四个关键步骤:

明确提问目的 → 掌握提问技巧 → 倾听与反馈 → 持续学习与实践

1. 明确提问目的

在每一次与员工的交流或沟通中,HRBP 都应当清晰地知道自己想要通过提问达到什么目的。目的是了解员工的工作状况?还是为了探讨某个特定的管理问题?或是为了引导员工进行自我反思和职业规划?明确提问的目的,可以确保 HRBP 的提问更加精准、高效,避免出现无效或偏离主题的对话。

在面对员工绩效不佳的情况时,HRBP 的提问目的可能是了解员工遇到的具体困难、挑战,以及他们对自己绩效的看法和改进意愿。通过设定这样的提问目的,HRBP 可以更有针对性地提出问题,如:"你觉得自己在哪些方面可以有所提升?"或"有哪些困难或挑战阻碍了你达到绩效目标?"

2. 掌握提问技巧

HRBP 需要不断学习不同类型的提问方式，在不同的场景中加以运用。常见的类型主要有开放式问题、封闭式问题和引导式问题。

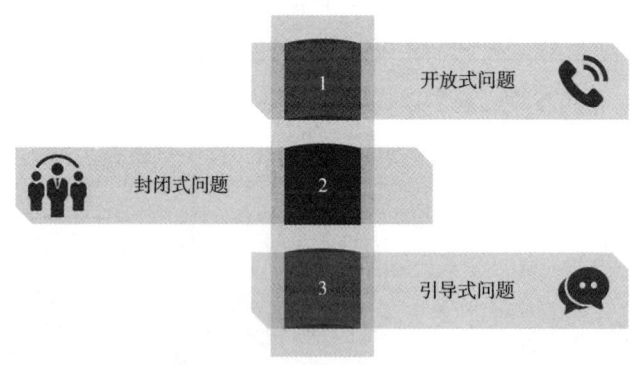

1. 开放式问题
2. 封闭式问题
3. 引导式问题

（1）开放式问题：如"你对目前的工作有什么想法和感受？"或"你认为我们可以如何改进这个流程？"这样的问题可以激发员工深入思考，鼓励他们表达自己的想法和观点，从而帮助 HRBP 更好地了解员工的内心世界和工作状态。

（2）封闭式问题：如"你是否完成了上个季度的业绩目标？"或"这个项目是否按计划进行？"这样的问题可获取具体的信息和事实，有助于 HRBP 快速了解员工的工作进展和成果，为后续的决策和管理提供数据支持。

（3）引导式问题：如"你觉得我们可以从哪些方面入手来提高团队的工作效率？"或"你认为这个问题的解决方案可能会面临哪些挑战？"这样的问题不仅引导员工进行深入的思考，还能够帮助 HRBP 将对话引向更为深入和具体的方向，从而更好地挖掘问题的本质和解决方案。

除了以上三类常见提问类型之外,还可以延展出以下六种问题:

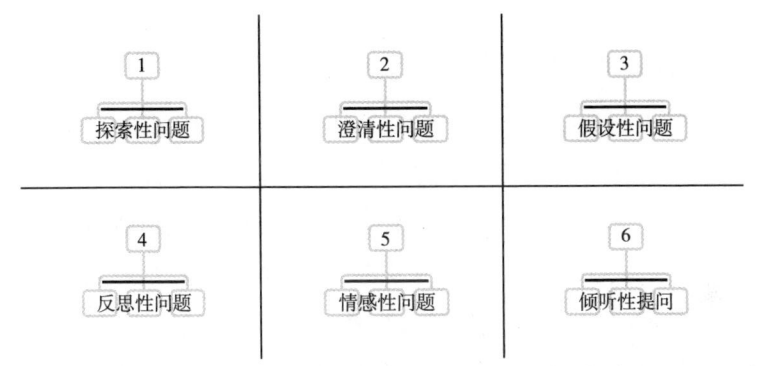

1 探索性问题	2 澄清性问题	3 假设性问题
4 反思性问题	5 情感性问题	6 倾听性提问

(1)探索性问题:旨在深入了解员工的想法、感受和经验。例如,"你能否详细描述一下你遇到的那个挑战?"或"你觉得这个决策背后的原因是什么?"

(2)澄清性问题:当员工给出模糊或不清楚的回答时,HRBP可以使用澄清性问题来获取更具体的信息。例如,"你的意思是说……?"或"你能再详细解释一下那个概念吗?"

(3)假设性问题:通过提出假设性问题,HRBP可以测试员工的思考能力和解决问题的能力。例如,"如果我们面临这种情况,你认为我们应该如何应对?"

(4)反思性问题:鼓励员工对自己的行为和决策进行反思。例如,"你觉得在这次项目中你的表现如何?"或"你从这个经验中学到了什么?"

(5)情感性问题:情感性问题关注员工的情感状态和感受。例如,"你对这个决定感到满意吗?"或"你觉得我们的团队氛围如何?"

(6）倾听性提问：通过提问来鼓励员工表达自己的想法和感受。例如，"你对此有什么看法？"或"你觉得我们应该如何改进这个流程？"

3. 倾听与反馈

为了更好地理解员工的回答，HRBP 可以采用一些具体的倾听技巧，比如前面我们讲到的深度倾听能力中提到的建议。

在倾听的过程中，HRBP 要注意避免一些常见的倾听障碍，如分心、先入为主的判断或情绪干扰等。这些障碍都可能影响到对员工回答的准确理解，甚至可能导致沟通不畅和误解。因此，HRBP 需要时刻保持清醒的头脑和稳定的情绪，以确保能够准确捕捉到员工的真实意图和需求。

除了倾听员工的回答外，提供有效的反馈也是提升提问力的重要一环。HRBP 应当及时给予员工积极的反馈，肯定他们的回答和观点，这能够激发员工的积极性和自信心。同时，HRBP 还应当坦诚地指出员工回答中可能存在的问题或不足，帮助他们更全面地认识自己。这样的反馈既能够让员工感受到 HRBP 的关心和支持，又能够为他们后续的改进和成长提供有力的指导。

4. 持续学习与实践

为了不断提高提问技巧，HRBP 需要保持一种持续学习的态度。大家可参考 3.1.2 节 HRBP 高效学习的实现路径及案例里的相关内容。

3.4.3 优秀问题的标准与实例分享

为了方便大家提出好问题，这里总结了好问题的五个标准以及示例：

围绕这五个标准，我们可以提出很多好问题，下面给大家列举一些例子：

（1）明确性：问题应该清晰、具体，避免模糊或含糊不清的表述。

"能否详细说明一下你在这项任务中的角色和职责？"

"请具体指出导致项目延误的关键因素。"

"能否提供一个具体的案例来说明你所说的这一点？"

（2）相关性：问题应该与讨论的主题或目标直接相关。

"这个新政策将如何影响我们团队的日常工作流程？"

"考虑到我们公司的长期愿景，你认为当前这个项目的重要性如何？"

"从战略角度来看，这个新产品如何与我们的整体市场战略相匹配？"

（3）开放性：问题应该鼓励对方提供详细的回答，而不是简单地回答"是"或"否"。

"你如何评估我们团队目前的士气和动力？"

"你认为我们的竞争对手在哪些方面做得比我们好？"

"如果你有机会重新设计我们的工作流程，你会做出哪些改变？"

（4）探索性：问题应该能够引导对方深入思考，分享观点和经验。

"你认为在解决客户问题时，我们应该采取怎样的创新方法？"

"从客户的反馈中，你发现了哪些潜在的市场机会？"

"在我们团队中，你认为哪些成员具有未被充分利用的潜力？"

(5)尊重性：问题应该尊重对方的感受和隐私，避免冒犯或侵犯。

"我明白这对你来说可能是一个情感上的挑战，但你能分享一下你当时的想法吗？"

"我知道这个话题可能让你感到不舒服，但你能谈谈你的感受吗？"

"我知道这对你来说是一个敏感的问题，但如果你愿意，可以分享一下你的看法吗？"

3.5 关系处理能力：知人性懂人心的超级软实力

在快速发展的商业环境中，人际关系处理能力已成为职场人士成功的关键因素之一。管理学家约翰·C·麦克斯韦尔在其著作《领导力21法则》中写道："人际关系处理能力是领导者最重要的能力之一。"可见人际关系处理能力的重要性。

对于HRBP而言，这一能力更是不可或缺。他们不仅需要掌握专业的人力资源知识，还需具备卓越的关系处理能力，以更好地与企业内部员工、管理层和外部合作伙伴建立和维护良好的关系。

关系处理能力是一种超级软实力。它要求HRBP能够深入了解人性，洞悉人心，通过有效的沟通和协调，解决各种人际冲突，促进团队合作，从而为企业创造更大的价值。

3.5.1 关系处理能力，不只是人际交往那么简单

关系处理能力是指一个人在处理与他人之间关系时所展现出

的能力和技巧。这包括有效沟通、理解他人、建立和维护关系、解决冲突以及在不同情境下做出恰当反应等方面。对于 HRBP 来说,关系处理能力尤为重要,因为他们需要与不同层级的员工合作,并解决各种人力资源相关的问题。

平时和很多 HRBP 朋友聊天,他们都会谈及人际关系处理方面的困扰,大部人都会认为人际关系处理都是一件非常棘手、非常头疼的事情,很少有人会乐在其中。那为什么处理人际关系这么难呢?

以下是一些可能导致人际关系处理难度增加的因素:

(1)人性复杂性:每个人都有自己独特的性格、价值观和行为方式。理解并适应不同个体的差异需要时间和经验,这对于许多人来说是一个挑战。

(2)情感因素:人际关系涉及情感交流和情感管理。处理情感冲突、误解和失望需要高超的情商和沟通技巧,做起来并不容易。

(3)利益冲突:在工作环境中,不同的利益相关者可能有不同的目标和期望,这可能导致利益冲突。解决这些冲突需要公平、明智和策略性的方法。

(4)沟通障碍:有效沟通是建立和维护人际关系的基石。然而,沟通障碍(如语言差异、信息误解、缺乏信任等)可能导致误解和冲突。

(5)人际关系敏感度不足:很多 HRBP 都是专业型人才,在日常工作中埋头解决工作问题而对人际关系并不敏感,这也导致在面对人际关系的问题时会备感不适。

3.5.2　HRBP 如何提高关系处理能力

HRBP 提高自己的关系处理能力,并与员工、业务部门领导和其他利益相关者建立更加稳固和有效的合作关系。这将有助于推动业务的发展,提高员工满意度和绩效,同时实现个人职业成长。HRBP 想要提高自己的人际关系处理能力,可以从如下五个方面入手:

1. 深入了解业务需求

深入了解所在业务部门的运作和需求是至关重要的。这不仅能够帮助你更好地履行职责,还能为业务部门提供更有针对性的支持和解决方案。

首先,与业务部门领导建立紧密的联系是关键。HRBP 需要定期与他们进行沟通,了解部门的战略方向、业务目标以及当前面临的挑战。通过参加业务部门的会议和讨论,HRBP 可以更直接地了解业务动态,掌握最新的市场信息和行业动态。这些信息对于 HRBP 制度合适的人力资源策略和解决方案至关重要。

其次,与团队成员建立良好的沟通渠道也非常重要。HRBP 需要花时间与员工交流,了解他们的工作情况、职业发展和个人需求。通过定期的员工座谈会、一对一面谈或团队建设活动等方式,与员工建立信任关系,并收集他们的反馈和建议。这样,HRBP 能够更好地了解员工的需求和期望,为他们提供更贴心的支持和帮助。

此外,与其他利益相关者保持良好的沟通也是必不可少的。这包括跨部门合作伙伴、公司高层领导以及外部供应商等。HRBP 需要与他们建立有效的沟通渠道,了解他们对业务部门的期望和需求。通过积极参与跨部门合作和项目,HRBP可以更好地了解整个公司的运营情况和战略目标,为业务部门提供更全面的支持。

2. 建立信任与合作关系

与员工建立信任关系,作为HRBP的核心任务之一,是确保人力资源工作能够有效开展和取得成功的基石。这种信任关系的建立并不是一蹴而就的,需要HRBP在日常工作中持续投入时间和精力,通过真诚、可靠性和专业性来赢得员工的信赖。

首先,真诚是建立信任关系的基石。HRBP在与员工沟通时,应该保持真实、坦诚的态度,不回避问题,不掩饰事实。当员工遇到问题或困惑时,HRBP要勇于面对,提供清晰、明确的解答,让员工感受到被尊重和重视。同时,HRBP要保持谦逊和低调,不夸大自己的能力和成绩,避免给员工留下不切实际的印象。

其次,可靠性是维护信任关系的关键。HRBP需要遵守承诺,言行一致,不轻易食言。在与员工沟通时,要明确表达自己的观点和意图,避免模棱两可或含糊不清的表达方式。同时,HRBP也要注重细节,确保所说的话和所做的事都能够得到员工的认可和信任。这样,员工才会愿意与HRBP分享自己的想法和意见,形成双向沟通的良好氛围。

此外,专业性也是建立信任关系的重要因素。HRBP需要具备扎实的专业知识和丰富的实践经验,能够为员工提供专业、有效的支持和帮助。在处理员工问题和纠纷时,HRBP要能够迅速找到问题的根源,提出切实可行的解决方案,并跟进实施效果。通过展示自己的专业能力和成果,HRBP可以赢得员工的尊重和信任,为未来的合作奠定坚实的基础。

3. 冲突管理与解决

冲突,作为工作场所中不可避免的一部分,对于任何一个组织来说都是一大挑战。而作为 HRBP 其角色就是协助团队和员工解决这些冲突,确保工作环境保持和谐,生产力才能得以持续。以下将详细阐述 HRBP 如何有效处理冲突:

·识别冲突:冲突可能会以各种形式出现,如直接的争论、消极抵抗和避免沟通等。作为 HRBP,需要敏锐地观察团队动态,及时发现冲突的迹象。这可能涉及对员工行为的细致观察,对团队氛围的感知,以及对员工间交流方式的了解。

·冲突评估:一旦识别到冲突,下一步就是对其进行评估。这包括分析冲突的根源、了解各方的立场和利益,以及预测冲突可能带来的影响。通过深入了解冲突的各个方面,HRBP 可以更好地为解决冲突做好准备。

·采取合适的策略:处理冲突时,不存在一种所有场景都通用的解决方案。HRBP 需要根据冲突的性质和严重程度,选择合适的策略。这可能包括直接介入、提供调解、引导双方自行解决,或者寻求上级或外部专家的帮助。关键是要确保解决方案既公平又符合组织的最佳利益。

·促进开放、诚实的对话:解决冲突的关键在于促进谈话双方之间的开放和诚实对话。HRBP 需要创造一个安全、无威胁的环境,让员工能够自由地表达他们的观点、感受和需求。通过倾听和理解双方的观点,HRBP 可以帮助他们找到共同点和解决方案。

·寻求共同点：在处理冲突时，找到双方的利益共同点是至关重要的。这可以帮助双方从一个全新的、更包容的角度看待问题，从而更容易找到解决方案。HRBP可以通过提问、倾听和反馈技巧来帮助双方找到共同点。

4. 提高人际关系敏感度

提高人际关系敏感度意味着增强对他人情感、需求和微妙信号的感知能力。这对于进行有效的人际交往和建立深厚的人际关系至关重要。以下是一些建议，可以帮助HRBP提高人际关系敏感度：

·观察力训练：培养自己观察他人细微动作、表情和情绪变化的能力。注意他人的非言语信号，如肢体语言、面部表情和声音变化，这些都是传达情感的重要线索。

·积极倾听：倾听是理解他人的关键。当与他人交流时，尽量做到全神贯注，不打断对方，不打岔。通过积极倾听，HRBP可以更好地理解对方的观点、感受和需求。

·增强同理心：同理心是理解他人情感的能力。努力从他人的角度思考问题，设身处地感受他们的情绪。通过增强同理心，HRBP可以更准确地感知他人的需求，从而做出更合适的回应。

·情绪管理：管理自己的情绪是提高人际关系敏感度的重要一环。学会控制自己的情绪反应，避免情绪化地解读他人的行为和言语。保持冷静和理性，有助于HRBP更准确地感知他人的情感和需求。

3.6 数据分析能力：洞悉冰冷数据背后的秘密

在数字化浪潮席卷全球的今天，数据已经渗透到企业运营的每一个角落，成了决策和战略制订的核心要素。在这个信息爆炸的时代，数据不仅仅是简单的数字堆砌，更是组织运营状态和业务发展趋势的直观反映。因此，对于 HRBP 来说，数据分析能力已不再是可有可无的点缀，而是胜任职位、为企业创造价值的必备核心能力。

数据分析不单是要掌握技术工具和软件操作，更重要的是培养一种独特的思维方式，即 HRBP 需要从数据中洞察出员工的绩效表现、组织的文化氛围、业务的发展趋势，甚至发现隐藏在数据背后的组织或业务问题。

3.6.1 数据分析入门：看懂数字的语言

1. 数据类型与数据来源

在数据分析的过程中，首先需要了解数据的类型和来源。数据类型多种多样，包括定量数据（如员工绩效评分和销售额等）、定性数据（如员工满意度调查和客户反馈等）、时间序列数据（如每月的销售数据和年度员工流动率等）以及文本数据（如社交媒体上的评论和内部通信等）。了解不同数据类型的特点和适用场景，对于后续的数据处理和分析至关重要。

数据来源同样重要。在人力资源管理领域，数据可能来自员工信息系统、招聘平台、培训系统和绩效管理系统等多个渠道。此外，社交媒体、市场研究和客户调查等也是获取外部数据的重要来源。

明确数据来源有助于确保数据的准确性和完整性,并为数据分析提供坚实的基础。

2. 数据质量与数据清洗

数据质量是数据分析的基石。如果数据存在错误、不一致或缺失,那么分析结果也将失去准确性。因此,数据清洗是数据分析过程中不可或缺的一步。数据清洗包括检查数据完整性(如是否有缺失值)、一致性(如不同来源的数据是否对齐)、准确性(如是否有错误或异常值)等。

为了确保数据质量,HRBP 需要掌握数据清洗的技巧,如使用 Excel 或 Python 等工具进行数据筛选、填充缺失值、处理异常值、转换数据格式等。此外,了解数据质量评估的方法和工具也是至关重要的,这有助于在数据分析过程中及时发现并解决问题。

3. 数据可视化与初步分析

数据可视化是将数据以图形、图表或图像的形式呈现,使其更易于理解和分析。在人力资源领域,常用的数据可视化工具包括 Excel、Tableau、Power BI 等。通过数据可视化,HRBP 可以直观地看到数据的分布、趋势和关系,从而更快地洞察数据背后的情况。

初步分析是在数据可视化的基础上进行的。HRBP 需要运用统计学、数据分析和业务流程知识,对数据进行初步的探索和分析。这包括描述性统计(如均值、中位数、众数等)、相关性分析和趋势预测等。通过初步分析,HRBP 可以初步判断数据是否存在异常、是否存在某种规律或趋势,为后续深入分析奠定基础。

3.6.2 解锁数据神器：掌握分析工具与技术

1. 常用数据分析工具介绍

在数据分析领域，各种工具层出不穷，每种工具都有其独特的优势和适用场景。HRBP 在选择工具时，需要根据自己的需求和技能水平来做选择。例如，Excel 软件是大多数 HRBP 的入门工具，提供了丰富的数据处理和可视化功能。对于更高级的数据分析，Python 语音和 R 语音等编程语言则提供了强大的数据处理和统计分析支持。此外，还有一些专门针对人力资源领域的工具，如 People Analytics 工具和 HR 数据分析软件，它们将数据分析与人力资源业务紧密结合，为 HRBP 提供了更加便捷的分析体验。

2. 常用的数据分析技术

(1) 趋势分析：

技巧描述：通过时间序列数据，观察指标随时间变化的趋势，从而预测未来的走向。

案例分析：HRBP 可以使用趋势分析来查看员工流失率的变化。比如，HRBP 收集了过去五年的员工流失数据，并绘制了一个趋势图。通过分析这个图表，HRBP 发现流失率在过去三年持续上升。这提示 HRBP 可能存在某些内部问题，如员工满意度下降、培训不足或晋升机会有限等。进一步的分析和措施制订则应该围绕这些问题进行。

(2) 比较分析：

技巧描述：比较不同群体（如部门、职位等级、地区等）之间的数据差异,以识别问题和机会。

案例分析:HRBP可以使用比较分析来比较不同部门的员工绩效。比如,HRBP收集了各部门的绩效评分数据,并进行了对比分析。通过比较,他们发现销售部门的绩效普遍较低。这可能是由于销售人员的培训不足、激励措施不当或目标设定不合理所导致。基于这些发现,HRBP制订了针对性的改进措施。

(3)相关性分析:

技巧描述:分析两个或多个变量之间的关系,以确定它们之间是否存在关联。

案例分析:HRBP可以使用相关性分析来探究员工满意度与员工流失之间的关系,比如HRBP收集了员工满意度调查数据和员工流失数据,并进行了相关性分析。结果显示,员工满意度与员工流失之间存在负相关关系,即员工满意度越高,流失率越低。这个结果提醒了HRBP应该重视提高员工满意度,以减少流失率。

(4)聚类分析:

技巧描述:将相似的数据点分组在一起,以发现数据中的潜在结构和模式。

案例分析:HRBP可以使用聚类分析来识别员工群体的特征。比如,HRBP收集了员工的多个特征数据,如年龄、性别、教育程度、工作经验等,并进行了聚类分析。通过聚类分析,他们发现了几个不同的员工群体,每个群体在特征上都有所不同。这帮助他们更好地了解员工多样性,并为不同类型的员工制订更具针对性的政策和措施。

3.6.3 数据分析案例——趋势分析在员工流失率中的应用

一、背景

某公司近年来面临员工流失率上升的问题,为了深入了解员工流失的情况,并采取相应的措施来减少流失,HRBP 决定使用趋势分析来查看员工流失率的变化。

二、数据收集与整理

HRBP 收集了该公司过去五年的员工流失数据,包括每年的离职人数和离职率,见下表。

年 份	离职人数	离 职 率
2018	50	10%
2019	60	12%
2020	70	14%
2021	85	16%
2022	100	18%

根据表格中的数据绘制趋势图:

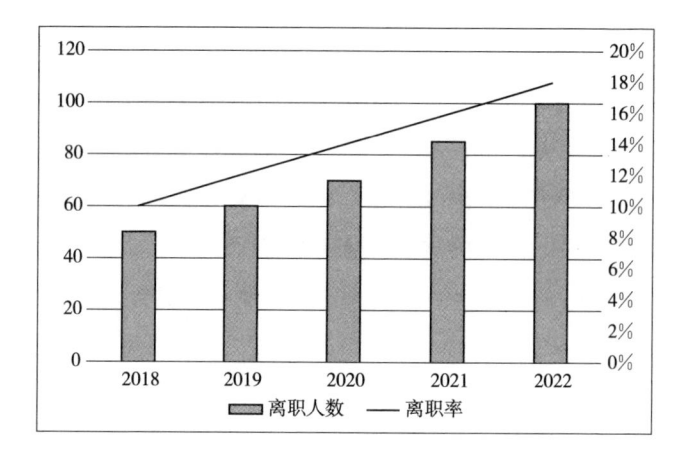

趋势图显示,离职率从2018年的10%持续上升到2022年的18%,呈现出明显的上升趋势。

三、分析趋势图

通过观察趋势图和数据表格,HRBP发现离职率在过去五年中持续上升。这表明公司可能面临着一些内部问题,导致员工对工作环境、福利待遇或职业发展等方面的不满,从而选择离职。

四、识别潜在问题

为了进一步了解问题的根源,HRBP结合了其他相关数据进行分析,如员工满意度调查结果、员工绩效数据、培训记录等。他们发现员工满意度普遍较低,培训机会有限,并且晋升机会不够明确。这些问题可能导致员工对公司的忠诚度下降,从而增加了离职的可能性。

五、制订针对性措施

基于上述分析,HRBP与公司管理层和相关部门合作,制订了一系列针对性的措施来解决这些问题。他们计划加强员工培训和发展机会,提供更多的职业晋升路径,以改善员工满意度。此外,他们还计划加强员工沟通,及时了解员工的需求和期望,并采取相应措施来满足员工的合理需求。

六、总结

通过趋势分析和综合数据分析,HRBP成功地找到了员工流失率上升的原因,并制订了相应的改进措施。这些措施旨在提高员工的工作满意度和忠诚度,从而降低员工流失率。通过持续改进和优化人力资源管理工作,该公司有望回到稳定和可持续的发展状态。

结合HRBP的具体工作场景,这里将趋势分析、比较分析、相关性分析和聚类分析的具体应用场景做了总结和结比,读者朋友可以根据自己的需要加以参考和判断：

分析技巧	应用场景	描述
趋势分析	员工职业发展路径分析	通过分析员工晋升速度、岗位转换频率等趋势，为公司提供职业发展路径优化建议
	人力资源成本预测	结合公司战略规划，预测未来人力资源成本变化，为公司财务规划提供支持
	组织文化演变分析	通过分析员工反馈、行为等数据，识别组织文化的变化趋势，为公司文化建设提供指导
比较分析	跨部门员工绩效差异分析	比较不同部门间员工绩效，分析差异原因，为跨部门协作和资源共享提供依据
	员工流失成本分析	对比不同员工流失对公司成本的影响，包括招聘成本、培训成本等，为公司制订留策略提供参考
	福利政策效果评估	比较不同福利政策下员工满意度、留任率等指标，评估福利政策的有效性
相关性分析	员工健康与工作效率关系	分析员工健康状况与工作效率之间的相关性，为公司提供员工健康管理和工作调整建议
	人力资源投入与业务增长关系	分析人力资源投入（如培训、招聘等）与业务增长之间的相关性，为公司优化人力资源配置提供依据
聚类分析	高效能团队特征识别	通过聚类分析识别高效能团队的共同特征，为公司团队建设提供指导
	员工离职风险预测	结合员工特征、工作表现等多维度数据，通过聚类分析识别离职风险较高的员工群体，为他们提供针对性的干预措施
	职位需求预测	根据历史数据和业务需求，通过聚类分析预测未来公司可能需要的职位类型和数量，为公司人力资源规划提供支持。

3.7 项目管理能力：统筹项目管理，提高闭环质量

随着市场竞争的日益激烈和全球化的不断推进,现代企业面临着前所未有的挑战。在这样的商业环境下,企业要想保持竞争优势并实现持续发展,必须依赖高效、精准和高质量的人力资源管理。这不仅仅意味着要有一支具备专业知识和技能的 HR 团队,更要求这些团队成员能够站在业务的角度,深入理解公司的战略目标和业务需求,以便为企业提供精准的人力资源解决方案。

HRBP 作为连接人力资源部门和业务部门的关键桥梁,HRBP 不仅需要具备深厚的人力资源专业知识,包括但不限于招聘、培训、绩效管理等,还需要掌握项目管理的核心技能。项目管理作为一种结构化和系统化的管理方法,为 HRBP 提供了一个全新的视角和工具集,帮助他们在复杂多变的工作环境中更好地组织和协调人力资源工作。

3.7.1 项目管理能力到底是什么

项目管理能力是指在有限资源的限定条件下,实现或超过设定的需求和期望的过程中,运用专门的知识、技能、工具和方法的能力。这种能力主要涉及项目的计划、组织、指导和控制等方面,以确保项目能够按照预定的目标、时间、预算和质量要求顺利完成。

项目管理能力包括多个方面,如计划和组织能力、沟通和协调能力、领导和管理能力、风险管理能力、质量管理能力、技术和工具能力、财务管理能力、时间管理能力、人际关系能力以及学习和适应

能力等。此外,项目管理能力还涉及项目管理的各个过程组,即启动、规划、执行、监控和控制。

HRBP 需要运用项目管理的理念和方法来推动人力资源工作的高质量实施,为企业解决组织、人才和文化等方面的问题,最终提高团队的业绩产出。通过掌握项目管理的核心技能,HRBP 可以更好地组织和协调人力资源管理工作,确保项目的成功实施,从而为企业创造更大的价值。

下表简要概括了具备和不具备项目管理能力的 HRBP 之间的主要差异点:

差异维度	具备项目管理能力的 HRBP	不具备项目管理能力的 HRBP
工作方式	结构化、系统化,遵循项目管理流程	较为随意,缺乏明确的工作流程和方
目标设定	明确、可衡量、可达成,与企业战略目标一致	模糊、不清晰,难以衡量进度和成果
计划制订	周密、全面,考虑到各种可能出现的情况	缺乏计划,或计划不够详细和全面
执行监控	实时监控项目进度,及时发现问题并采取行动	对项目进度和问题的把握不够准确和及时
风险管理	识别、评估、应对和管理项目风险	对风险缺乏足够的认识和应对策略
质量管理	注重项目成果的质量和效果,确保符合预期标准	对项目质量的要求不够明确和严格
沟通与协调	有效沟通和协调项目团队和其他利益相关者	沟通和协调能力较弱,影响项目进展
领导与管理	能够有效领导和管理项目团队,推动项目成功实施	缺乏领导和管理能力,难以有效推动项目进展

续上表

差异维度	具备项目管理能力的HRBP	不具备项目管理能力的HRBP
创新能力	善于运用创新思维和方法解决问题,推动项目创新	缺乏创新能力,难以应对复杂多变的项目环境
成果产出	项目成果质量高、符合预期目标,为企业创造较大价值	项目成果质量不稳定,难以达到预期目标

从上表中可以看出,具备项目管理能力的HRBP在各个方面都表现出更高的专业性和更突出的能力,能够更好地推动项目的成功实施,为企业创造更大的价值。而不具备项目管理能力的HRBP则可能在工作中目标不明确、闭环性不好且会遇到更多的挑战和问题,难以达到预期的成果。

3.7.2　HRBP如何将项目管理做到游刃有余

在日常的HR工作中,很多任务如日常招聘、入(离)职办理、签合同等工作,由于其重复性和规律性,通常被视为业务流程而非项目。

那什么样的工作可以称之为项目呢?通常涉及具有明确目标、时间限制和预算限制的任务,被称为项目。这些任务往往需要跨部门协作,通过有效的计划、组织、指导和控制来实现预期成果。比如:

·人力资源管理系统开发:这通常是一个涉及多个部门和团队的复杂项目。项目目标是开发一套新的人力资源管理系统,以提高工作效率、优化数据管理或改进员工体验。这样的项目需要项目管理方法来确保按时、按预算完成,同时满足各项功能需求和质量标准。

·员工胜任力模型的建立:这是一个旨在提升组织绩效和员工能力发展的重要项目。通过建立胜任力模型,公司可以明确员工应具备的技能、知识和态度,以便更好地进行招聘、培训和绩效评估。这样的项目需要使用项目管理方法来确保模型的准确性、实用性和有效性。

·特定的人才发展与保留:针对关键岗位或高潜力员工的特殊人才培养和保留计划,也可以视为一个 HR 项目。这些项目可能涉及定制的培训计划、激励机制和职业发展规划,以确保关键人才的稳定和发展。项目管理方法可以帮助确保这些计划的顺利实施和达成预期目标。

·企业并购中的人员转移:在企业并购过程中,涉及被收购公司员工的转移和整合,这也是一个需要项目管理方法的任务。这样的项目可能涉及员工安置、薪酬福利调整、文化融合等多个任务,需要通过有效的项目管理来确保过程的顺利进行和员工的稳定过渡。

通过这些例子,我们不难看出项目具有的特征:

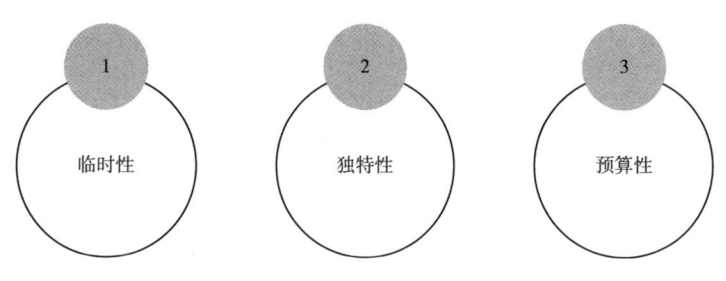

1	2	3
临时性	独特性	预算性

1. 临时性

项目的临时性是其最显著的特点之一。这意味着每一个项目都有一个明确的开始和结束时间。一旦目标达成或问题得到解决,项目通常就会结束。这种临时性要求项目管理团队在项目开始时就明确项目的起止时间,并在整个项目生命周期中密切关注进度,确保项目能够按计划按时进行,不会无限制地拖延。

2. 独特性

项目的独特性是指每一个项目都是为了满足特定的、独一无二的需求或目标而设立的。这意味着每个项目都需要根据其自身的特点和要求来制订解决方案。项目管理团队需要深入理解项目的独特性质,确保项目的实施过程与项目的目标保持一致。这种独特性也要求项目管理团队具备创新思维和灵活应变能力,以应对项目实施过程中可能出现的各种挑战和变化。

3. 预算性

项目的实施通常需要耗费一定的人力、物力和财力。这些资源是有限的,因此项目管理团队需要在有限的预算内合理规划和使用资源,确保项目的成功实施。这就要求项目管理团队要具备成本意识和预算管理能力,通过制订详细的预算计划、监控成本执行情况并及时调整预算分配等方式,确保项目在合理的预算范围内完成既定的目标。

当 HRBP 在日常工作中遇到一些符合上述特征的任务时,可以大胆尝试采用项目制,巧用项目来提升作为 HRBP 的价值产出,更好地体现综合能力,同时也更好地为企业解决问题。

HRBP 该如何做好项目管理呢?为了确保项目的成功实施和达成预期目标,HRBP 需要采取一系列有效的管理策略。具体建议如下:

1. 明确项目目标和范围

（1）与业务部门负责人和利益相关者沟通，确保对项目目标和期望有清晰、共识性的理解。

·初步会议与沟通：在项目启动之初，HRBP应主动邀请业务部门负责人和所有利益相关者参加该项目启动会议。在会议中，HRBP需要清晰地阐述项目的背景、目的和预期目标。同时，也应鼓励业务部门负责人和利益相关者提出他们的期望和关注点，确保双方对项目有共识性的理解。

·明确业务目标：了解业务部门的核心目标和战略方向非常重要。HRBP需要确保人力资源项目与这些业务目标紧密相连，为业务部门的成功提供有力支持。通过与业务部门负责人的深入沟通，可以明确项目如何为业务目标服务，从而确保双方对项目期望的一致性。

·持续沟通与反馈：HRBP需要在整个项目生命周期中保持与业务部门负责人和利益相关者的持续沟通。这可以确保双方对项目的进展和变化有清晰的了解，并及时调整策略和方向。比如，持续沟通的有效方式有定期的进度汇报、问题反馈和风险评估会议等。

（2）定义项目的具体范围，明确哪些任务属于项目内，哪些任务属于项目外，以避免项目边界不清。

·明确项目边界：在项目启动阶段，HRBP需要与业务部门负责人共同明确项目的具体范围。

·制订详细的任务清单：在明确了项目范围后，HRBP需要制订一个详细的任务清单。这个清单应包含所有属于项目范围内的任务和活动，明确它们的优先级、预计完成时间和负责人。这样，团队成员可以清楚地知道哪些任务是他们需要完成的。

·对范围变更进行严格管理：在项目执行过程中，可能会出现一些新的需求和任务，这可能会导致项目范围的变更。为了避免任务边界模糊，HRBP 需要对这些变更请求进行严格的管理和评估。只有当变更请求符合项目的整体目标和战略方向，并且不会对项目的进度、成本和质量产生负面影响时，才应考虑将其纳入项目范围。同时，对于任何范围变更，都需要与业务部门负责人和利益相关者进行充分的沟通和协商，确保双方对变更的内容和影响有清晰的认识。

2. 制订详细的项目计划

（1）根据项目目标和范围，制订详细的项目计划。

·目标拆解与细化：首先，将项目的总体目标拆解成若干个分项目标或里程碑。这样做有助于团队成员更清晰地了解每个阶段的任务和完成标准，同时也有助于监控项目的进度。

·制订详细时间表：基于拆解后的分项目标和任务，制订一个详细的时间表。这个时间表应明确每个任务的开始和结束时间，以及关键的时间节点（如里程碑的达成时间），确保既考虑到任务的紧迫性，又留有一定的缓冲时间以应对可能的延误。

·资源分配与优化：根据项目需求，评估并分配所需的人力资源、物资和预算等。确保每个任务都有足够的资源支持，同时避免资源的浪费。对于关键任务，可以考虑给予更多的资源支持。此外，定期监控资源的使用情况，并根据实际情况进行调整和优化。

·任务分配与明确职责：将项目任务分配给各个团队成员，并明确他们的职责和期望。确保每个团队成员都清楚自己的任务和目标以及与其他成员的协作关系。同时,在团队成员需要支持时,公司能给予必要的帮助。

(2)确保计划具有可行性,并考虑到可能出现的风险和挑战。

·风险评估与管理:在制订项目计划时,充分考虑可能出现的风险和挑战。对潜在的风险进行识别、评估和排序,制订相应的应对措施和预案。这些措施包括风险规避、风险降低、风险转移等。同时,建立风险监控机制,定期对项目的风险状况进行检查和评估,确保项目的顺利进行。

·计划调整与优化:在项目执行过程中,根据实际情况对计划进行调整和优化。这包括调整任务的时间安排、资源的分配、团队成员的协作方式等。通过不断地调整和优化,确保项目计划始终与实际情况保持一致,并具有可行性。

·建立反馈机制:鼓励团队成员在执行过程中提供反馈意见和建议。这些反馈可以用于协助及时发现和解决问题,提高项目的执行效率和质量。同时,定期与业务部门负责人和利益相关者沟通项目的进展和遇到的挑战,听取他们的意见和建议,确保项目始终沿着正确的方向前进。

3. 组建高效的项目团队

(1)选择具备相关技能和经验的团队成员,确保他们能够胜任项目任务。

·评估技能与经验:在项目启动之前,HRBP 需要对选择的团队成员进行全面的评估。这包括了解他们的教育背景、专业技能、工作经验以及过往项目的表现。通过评估,可以确保选择的团队成员具备完成项目任务所需的关键技能和经验。

·明确岗位需求：针对项目的具体需求，HRBP需要明确每个岗位所需的技能和经验。这有助于在招募和选择团队成员时，更加精准地匹配岗位需求与候选人的能力。

·考虑团队多样性：在选择团队成员时，还应考虑团队成员的多样性素质。不同背景、经验和视角的团队成员可以为项目带来更多的创新和价值。

（2）明确团队成员的职责和期望，建立良好的沟通机制和协作文化。

·明确职责分工：为每个团队成员分配明确的职责和任务，确保他们明确自己的工作内容和期望成果。这有助于避免重复工作和冲突，提高团队的整体效率。

·设定明确的目标：与团队成员共同设定清晰、可衡量的项目目标。这可以确保大家朝着同一个方向努力，共同为项目的成功贡献力量。

·建立沟通机制：制订定期的团队会议、周报或其他沟通方式，确保团队成员之间保持畅通的信息交流。这有助于及时发现问题、分享经验和知识，促进团队的协作和进步。

·培养协作文化：鼓励团队成员之间的合作与分享精神，共同解决问题和面对挑战。通过团队建设活动、培训或分享会等方式，培养团队的凝聚力和协作能力。

·提供反馈与支持：定期为团队成员提供工作反馈，帮助他们了解自己的表现和改进方向。同时，为团队成员提供必要的支持和资源，帮助他们更好地完成任务和应对挑战。

4. 监控项目进度和质量

·设定监控指标：在项目开始之前，HRBP 需要与团队共同设定一系列监控指标，这些指标应涵盖项目的关键方面，如时间、成本和范围等。通过这些指标，可以全面了解项目的进展状况。

·制订监控计划：为了确保项目进度得到持续和有效的监控，HRBP 需要制订一个详细的监控计划。这包括确定监控的频率（如每周、每两周或每月进行一次）、监控的方式（如会议、报告或在线工具）以及监控的责任人。

·执行监控任务：根据监控计划，HRBP 和团队成员需要定期执行监控任务。这包括收集项目数据、分析项目状态、识别潜在问题等。通过这些活动，可以及时发现项目中的偏差和风险。

·偏差分析与调整：一旦发现项目进度出现偏差，HRBP 需要组织团队成员进行偏差分析。这包括确定偏差的原因、评估偏差对项目目标的影响以及制订相应的调整措施。调整措施可能包括重新分配资源、调整任务计划或寻求额外的支持。

5. 保持与业务部门的沟通和协作

·制订定期汇报机制：在项目启动之初，HRBP 应与业务部门商定一个定期汇报的机制。这可以是一个周会、双周会或月会，具体频率应根据项目的规模、重要性和业务部门的需求来确定。

·准备详细的汇报内容：在每次汇报之前，HRBP 需要准备详细的汇报内容，包括项目的进度、完成的任务、遇到的问题以及下一步的计划等。汇报内容应该清晰、简洁，并尽量使用数据或实例来支持观点。

·使用有效的沟通工具：为了确保信息的准确传达，HRBP

可以选择使用PPT、报告或其他沟通工具来辅助汇报。此外,还可以利用视频会议等工具进行远程汇报,以提高沟通的效率和便利性。

·保持积极和透明的沟通态度:在汇报过程中,HRBP应保持积极和透明的沟通态度,主动分享项目的进展和成果,同时也要勇于承认遇到的问题和挑战。这有助于建立与业务部门之间的信任关系,并促进双方的合作和支持。

·灵活调整项目计划和策略:根据业务部门的反馈和需求变化,HRBP需要灵活调整项目计划和策略。这可能包括调整任务优先级、增加或减少资源投入、修改项目目标等。通过及时调整,可以确保项目始终与业务部门的期望保持一致。

3.7.3　HRBP项目方案——员工胜任力模型建立项目管理方案

一、项目背景与目标

随着市场竞争的日益激烈和公司业务规模的持续扩大,员工的能力和绩效已成为决定公司竞争力的关键因素。为了提升员工的专业素养和综合能力,提高公司整体绩效,我们决定开展"员工胜任力模型建立"项目。通过构建一套科学、实用的胜任力模型,明确员工在各个岗位所需具备的知识、技能和态度,从而为公司的人才招聘、培训、绩效评估等工作提供有力支持。

二、项目范围与详细内容

1. 需求分析与调研

·深入了解各部门对员工的期望和要求。

·对现有员工的能力进行评估,识别优势和不足。

・调研市场上类似岗位的胜任力标准,为模型建立提供参考。

2. 胜任力模型设计

・根据调研结果,为每个岗位制订详细的胜任力框架。

・确定每个胜任力要素的权重和评分标准。

・设计易于理解和操作的胜任力评估工具。

3. 模型验证与试点

・选择部分部门和岗位进行模型试点。

・收集试点过程中的反馈,对模型进行持续优化。

・对模型的有效性和准确性进行评估,确保其在实际工作中的适用性。

4. 培训与推广

・为各部门提供胜任力模型培训,确保他们熟悉并理解模型的内容和使用方法。

・制订推广计划,确保模型在全公司范围内得到广泛应用。

5. 绩效评估与激励

・利用胜任力模型进行员工绩效评估,确保评估结果更加客观、公正。

・设计基于胜任力的激励机制,鼓励员工不断提升自身能力。

三、项目时间计划(详细阶段划分与关键节点)

1. 需求分析与调研阶段(1个月):完成需求调研、数据收集和分析。

2. 胜任力模型设计阶段(2个月):完成模型框架设计、要素确定和评估工具开发。

3. 模型验证与试点阶段(1个月):完成模型试点、反馈收集和优化。

4. 培训与推广阶段(2个月):完成模型培训、推广计划和实施。

5. 绩效评估与激励阶段(持续进行):将模型应用于绩效评估,设计并实施激励机制。

四、项目资源计划(人员、设备、资金等)

1. 组建由HR部门主导,跨部门参与的项目团队,包括项目经理、数据分析师、培训师等。

2. 确保项目所需的设备、软件等物力资源准备到位,如数据分析工具、培训设备等。

3. 根据项目预算,合理分配资金,确保项目各阶段的顺利推进。

五、项目风险管理(识别、评估和应对)

1. 数据收集不全或不准确风险:通过制订详细的数据收集和分析计划,以及定期的数据质量检查来降低风险。

2. 模型设计不符合实际需求风险:通过深入调研和充分讨论,确保模型设计符合公司战略目标和业务需求。

3. 模型推广受阻风险:加强与各部门的沟通与协作,确保模型得到广泛认可和支持。

4. 员工抵触心理风险:通过培训和沟通,增强员工对胜任力模型的理解和认同,降低抵触心理。

六、项目沟通与协作(会议、报告、信息共享等)

1. 建立项目沟通机制,定期召开项目会议,分享项目进展、问题和解决方案。

2. 制订详细的报告制度,确保项目团队成员和相关部门能够及时获取项目信息。

3. 建立信息共享平台，方便项目团队成员和相关部门进行信息交流和协作。

七、项目评估与监控（指标、方法、工具等）

1. 制订具体的项目评估指标和方法，如项目进度、质量、成本等。

2. 采用合适的项目管理工具进行项目监控和评估，确保项目按计划进行。

3. 定期对项目进行评估和监控，及时发现和解决问题，确保项目目标的实现。

八、项目总结与反馈（经验教训、改进建议等）

1. 在项目结束后进行总结，分析项目的成功经验和不足之处。

2. 收集项目团队成员和相关部门的反馈意见，为今后的项目管理提供借鉴案例和改进方向。

3. 根据项目总结和反馈，制订改进措施和建议，为公司未来的胜任力模型优化和人才发展提供支持。

通过以上丰富和完善的项目管理方案，我们将确保"员工胜任力模型建立"项目的成功实施，为公司的人才发展和绩效提升提供有力保障。

3.8 框架构建能力：巧用专业框架，丰富逻辑体系

框架构建能力有助于 HRBP 更好地分析和理解复杂的商业问题。比如，当企业面临组织变革时，HRBP 可以通过构建变革

管理框架，明确变革的目标、步骤和关键成功因素，从而确保变革的顺利进行。此外，框架构建能力还能提升 HRBP 的决策效率。以员工培训计划为例，HRBP 可以通过构建培训需求分析框架，快速识别员工的培训需求，并制订针对性的培训计划，从而增强培训效果。

同时，强化框架构建能力还能促进 HRBP 与其他部门的合作。在构建框架的过程中，HRBP 需要与其他部门密切沟通，共同确定问题的范围和解决方案。这种跨部门的合作有助于增进团队之间的了解和信任，形成更加紧密的合作关系。

3.8.1　框架构建能力是构建逻辑思路的基石

框架构建能力，是指团队或个体在解决问题、制订计划或进行决策时，能够系统地整理和组织思维，构建出清晰、有条理的分析框架或理论框架的能力。这种能力有助于人们更好地理解和分析问题，把握问题的本质和关键点，从而做出更加科学、合理的决策和解决方案。

比如，《高效能人士的七个习惯》提供了七个有助于组织和个人成功的习惯。这些习惯不仅可以帮助管理者构建有效的个人框架，还可以应用于团队和组织层面，促进整体效能的提升。比如阿里巴巴的干部管理"三板斧"：揪头发、照镜子、闻味道，是一种企业内部共创和共识后的人才发展框架；比如人力资源常用的"组织能力杨三角"：员工思维、员工治理、员工能力，是一种企业内部诊断和发展组织能力的框架。

3.8.2 HRBP如何搭建自己的逻辑"高楼"

要具备框架构建能力,HRBP可以从以下方面入手:

(1)紧密结合企业战略:HRBP需要了解企业的战略方向、关键业务领域以及未来增长点,使人力资源框架能够支持战略目标的实现。

(2)深入了解组织结构和流程:HRBP需要了解组织内部的运作机制,以确保构建的框架能够改善组织效率、促进跨部门协作,为企业创造实际价值。

(3)关注人才发展和管理:HRBP需要了解员工的需求、职业发展规划和绩效表现,构建能够吸引和留住人才、促进员工成长的框架。这包括设计合理的招聘、培训、绩效评估和职业发展计划等。

(4)强化企业文化和价值观:HRBP需要与企业的领导者合作,明确企业的核心价值观和期望的文化氛围,确保构建的框架能够强化这些价值观,并在员工中形成良好的文化氛围。

(5)注重数据分析和证据支持:HRBP需要收集和分析相关数据,如员工满意度、绩效数据、流失率等,以了解企业现状和问题所在。这些数据可以为框架的构建提供有力支持,并确保其解决方案能够切实解决问题。

构建框架的具体方法有以下四种:

(1)总—分—总结构:这是一种常见的写作和思维框架,首先给出总结或概述,然后分别详细阐述各个部分,最后再给出总结或结论。广为流传的《金字塔原理》,其核心就是总分总结构。

案例

《企业年度人力资源规划框架》

一、总述

本规划旨在明确企业未来一年的人力资源发展方向和关键举措,确保人力资源管理与企业战略目标的紧密结合,促进企业的持续发展和竞争优势。

二、分述

1. 人力资源现状分析:评估当前企业的人力资源状况,包括员工结构、能力水平、绩效表现等,识别存在的问题和潜力。

2. 人力资源需求预测:结合企业战略目标和业务发展需求,预测未来一年的人力资源需求,包括各类人才的数量、专业和技能要求等。

3. 招聘与选拔策略:设计针对性的招聘与选拔策略,确保吸引和选拔到符合企业需求的高素质人才。

4. 培训与发展计划:制订员工培训计划,提升员工的专业技能和综合素质,促进员工的职业发展。

5. 绩效管理体系:完善绩效管理体系,确保员工的绩效与企业的战略目标相一致,激励员工为企业创造更大的价值。

6. 员工关系与文化建设:加强员工关系管理,营造积极向上的企业文化氛围,增强员工的归属感和凝聚力。

三、总结

通过本规划的实施,企业将能够优化人力资源配置,提升员工队伍的整体素质,为企业战略目标的实现提供有力保障。

（2）并列式结构：并列式结构将内容分为几个独立的部分，每个部分都围绕一个特定的主题或方面展开。

案例

《××互联网公司干部管理四要素》

1. 定策略

"定策略"是干部管理工作的首要任务。它要求干部能够明确公司的长期和短期目标，制订实现这些目标的策略和计划。这需要干部具备深入的市场洞察能力、前瞻性的思维以及对公司业务的深刻理解。通过制订切实可行的策略，干部能够引领团队朝着正确的方向前进。

2. 建团队

"建团队"是干部管理工作的关键一环。一个优秀的团队是实现战略目标的重要保障。干部需要具备良好的团队管理能力，包括选拔人才、激发团队潜力、协调团队成员之间的关系等。通过建设高效、协作、富有创新精神的团队，干部能够为公司创造更大的价值。

3. 拿结果

"拿结果"是干部管理工作的核心目标。干部需要能够带领团队实现既定的业务目标，为公司创造实际的业绩。这要求干部具备强大的执行力、问题解决能力以及抗压能力。通过不断取得良好的业绩结果，干部能够赢得公司和团队的信任和尊重。

4. 练心智

"练心智"是干部管理工作的重要组成部分。它要求干部不断提升自己的心理素质和领导能力。这包括情绪管理、自我反思、持续学习、创新思维等方面的能力。通过锻炼自己的心智,干部能够更好地应对各种挑战和压力,实现个人和团队的共同成长。

这一内部框架为该公司干部管理提供了清晰的方向和指导。通过关注这四个核心要点,干部能够不断提升自己的管理能力,为公司的发展做出更大的贡献。同时,这一框架也鼓励干部不断学习和成长,以适应不断变化的市场环境和业务需求。

(3) 递进式结构:递进式结构按照一定的逻辑顺序或发展关系,层层深入地展开内容。

> **案例**
>
> 《××互联网公司战略制订"五步法"》
>
> 某大型互联网公司在年底制订新一年的战略时,采用了一套高度提炼和经过广泛共创的战略框架,以确保战略的连贯性、可行性和高效执行。这套框架由五个关键环节构成,它们呈现一种递进关系,共同形成了一个战略闭环。
>
> 1. 战略洞察
>
> 战略洞察是这一框架的起点,主要任务是深入分析公司当前的市场环境、竞争对手、行业趋势以及自身的优劣势。这一环

节的关键在于收集全面、准确的数据和信息,通过数据分析和市场研究,识别出对公司未来发展具有决定性影响的关键因素。

2. 战略制订

在完成了战略洞察之后,公司进入战略制订阶段。这一阶段的主要任务是根据洞察结果,明确公司的战略目标、核心竞争力和关键业务方向。战略制订需要高层管理团队的深入讨论和共识,确保战略与公司愿景和使命高度一致。

3. 战略解码

战略解码是将制订的战略转化为具体、可执行的行动计划的过程。在这一阶段,公司需要将战略目标分解为具体的业务目标、项目计划和关键绩效指标(KPIs)。战略解码的目的是确保每个部门和员工都清楚自己的目标和职责,形成合力推动战略的实施。

4. 战略执行

战略执行是将战略解码转化为实际行动的过程。在这一阶段,公司需要建立有效的执行机制,包括资源分配、团队协作、项目管理和风险控制等。战略执行需要全公司的协同配合和高效执行,以确保战略计划的顺利推进。

5. 战略复盘

战略复盘是这一框架的最后一个环节,也是新一轮战略制订的起点。在这一阶段,公司需要对过去一年的战略执行情况进行全面回顾和总结,分析成功和失败的原因,提炼经验教训。战略复盘的目的在于持续改进和优化战略制订和执行过程,为公司未来的发展提供更有力的支撑。

> 通过这五个递进的环节,该公司构建了一个完整的战略闭环,确保战略的连贯性和高效执行。这套战略框架不仅提高了公司的战略管理能力,也为其在行业中的持续领先提供了有力保障。

(4)基于理论或模型的框架:根据特定的理论或模型来构建框架,如人力资源管理模型、组织发展模型等。这种方法可以确保框架的科学性和系统性,并有助于将理论与实践相结合。

案例

《基于"六个盒子"的框架重构》

原始的"六个盒子"框架包括:使命&目标、结构&组织、关系&流程、奖励&激励、支持&工具、管理&领导。这一框架为企业管理提供了全面的视角,但在实际应用中,企业可能会根据自身业务和组织的需要,对六个盒子进行重构,以使其更具侧重性和实践意义。

原始框架:

· 使命&目标:明确企业的长远使命和短期目标。

· 结构&组织:描述企业的组织架构和部门设置。

· 关系&流程:关注企业内部和外部的关系以及业务流程。

· 奖励&激励:设计员工的奖励和激励机制。

· 支持&工具:提供必要的支持和工具,如技术和培训等。

· 管理&领导:强调企业的管理风格和领导方式。

重构后的框架：

在实际工作中，为了满足特定的业务需求和管理重点，企业可以将原始的"六个盒子"重构为以下五个核心要素：

· 目标：这是企业重构框架的核心。它涵盖了原始框架中的"使命＆目标"，并强调目标的明确性、可衡量性和可实现性。企业需要清晰地设定并传达其长期和短期目标，以确保所有活动和决策都围绕这些目标展开。

· 组织：这一要素融合了"结构＆组织"和"管理＆领导"的部分内容。它关注企业的组织架构、部门设置以及领导风格和管理方式。在重构过程中，企业可能会调整其组织结构，优化领导层，以提高执行效率和响应速度。

· 人才：人才是企业最重要的资源，因此在重构框架中占据重要地位。这一要素涉及员工的招聘、培训、发展和激励等方面，与原始框架中的"奖励＆激励"和"关系＆流程"（涉及员工关系）密切相关。企业需要建立有效的人才管理体系，确保员工的能力与企业的目标相匹配，并激励他们为企业的发展作出贡献。

· 文化：企业文化对于员工的凝聚力和企业的竞争力至关重要。这一要素强调企业价值观的塑造和传播，以及员工对企业文化的认同和践行。通过与原始框架中的"关系＆流程"相结合，企业可以营造积极向上的工作氛围，促进员工之间的沟通与合作。

・流程：业务流程的标准化和持续优化是企业持续改进的关键。这一要素涵盖了原始框架中的"关系&流程"和"支持&工具"中与流程相关的部分。企业需要关注业务流程的效率和效果，通过引入先进的工具和技术，提高流程自动化水平，降低成本并提升客户满意度。

实践意义：

通过重构"六个盒子"框架，企业可以更加灵活地应对市场变化和业务需求。重构后的框架更加关注目标、组织、人才、文化和流程等核心要素，有助于企业在竞争激烈的市场中保持领先地位。同时，这种重构也使得企业能够更好地整合资源、优化管理和提升员工满意度，从而实现可持续发展。

3.9 系统方案能力：从点、线到面的问题解决能力

HRBP在日常工作中会面临各种战略、组织、人才、文化等问题，他们几乎每天都在诊断问题、分析问题和确定解决方案。在此，我们不妨来反思和审视一下自己的工作，是否存在下面这些问题：

（1）局部视野：处理问题时，往往容易陷入具体的、单一的问题中，缺乏对整个组织或系统的全局视野，无法识别问题之间的关联和影响，难以从整体上把握问题的本质和解决方案。

（2）应急处理：通常表现为对单个问题的快速应对，这种应急处理方式在短期内可能有效，但缺乏长期规划和系统性思考，只是天天忙于"救火"。

（3）效率低下：处理问题时效率低下，无法快速有效地解决问题，遇到类似的问题需要"重复造轮子"。

（4）资源浪费：针对同一问题的不同解决方案可能相互冲突，导致重复投入和无效努力。

如果你也存在上面的问题，说明你或多或少还在点状解决问题。而如果要成为一名优秀的高阶 HRBP 就需要刻意提高自己的系统方案能力，从更综合、更高维的层面去制订问题解决方案。

3.9.1　系统方案能力：全面布局的智慧

系统方案能力指的是一种综合性的能力，主要涉及对整个系统或组织的全面分析和理解，以及基于这种理解制订和实施解决方案的能力。这种能力不仅仅关注问题的局部或单点，要从全局和整体的角度出发，将各个部分和各种因素相互关联起来，形成一个完整的解决方案。

系统方案能力包括以下五个方面的要素：

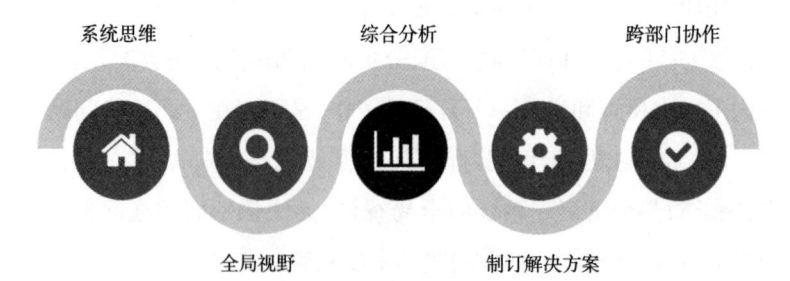

系统思维　　　综合分析　　　跨部门协作

全局视野　　　　制订解决方案

（1）系统思维：具备系统思维的能力，即能够理解和分析系统的结构、功能、关系和动态变化，把握系统的整体性和复杂性。

（2）全局视野：拥有全局视野，能够从整体和长远的角度出发，考虑问题的全局影响和后果,而不仅仅是局限于问题的局部或短期效应。

(3)综合分析:能够综合考虑各种因素和信息,进行全面的分析和评估,找出问题的根源和关键因素,为制订解决方案提供全面的依据。

(4)制订解决方案:基于系统的理解和分析,能够制订全面、可行、有效的解决方案,包括目标设定、计划制订、资源分配、风险控制等方面。

(5)跨部门协作:能够与其他部门和团队进行有效的沟通和协作,共同推动解决方案的实施和执行,确保解决方案的顺利实施和取得预期效果。

系统方案能力对于 HRBP 来说为什么很重要呢?原因有以下几个方面:

首先,系统方案能力使 HRBP 能够从全局和整体的角度出发,将人力资源问题与企业战略和业务目标相结合。HRBP 不再仅仅关注单个部门或员工的问题,而是将这些问题纳入整个组织的框架中进行分析和解决。

其次,系统方案能力有助于 HRBP 与其他部门和团队建立更加紧密和有效的合作关系,从而更好地理解其他部门的需求和利益,促进信息共享和协同工作。

再次,系统方案能力能够帮助 HRBP 不断提升自身的专业素养和竞争力。

3.9.2　HRBP 如何锻造系统方案能力

提升 HRBP 的系统方案能力是一个系统性、持续性的过程,涉及多个方面的学习和实践。以下是几种关键的途径和方法：

1. 增强系统思维，是提升系统方案能力的基础

系统思维是一种综合性的思维方式，为了培养系统思维，HRBP可以通过多种途径进行学习和实践。首先，阅读系统思考的经典书籍是一个很好的起点。例如，《系统之美》这本书详细阐述了系统思考的原理和方法，帮助读者建立系统的视角和思维方式。通过阅读这类书籍，HRBP可以深入了解系统思考的基本概念、原理和方法，从而为自己的系统方案制订提供了坚实的理论基础。

其次，积极参与跨部门的项目和团队的工作也是提升系统思维能力的重要途径。通过参与到跨部门的项目和团队，HRBP可以接触到不同领域的知识和经验，了解不同部门之间的关联和互动。这种跨部门的合作和沟通可以帮助HRBP建立全局性的思维，从整体上把握问题的复杂性和关联性。

再次，HRBP还可以通过参加专业培训、与行业内的专家进行交流等方式，不断拓宽自己的视野和知识面。

2. 深入了解企业战略与业务，构建全局视野

首先，参与战略规划过程对于HRBP来说是至关重要的。战略规划是企业发展的蓝图，它确定了企业未来的方向、目标以及实现这些目标的路径。HRBP应该积极参与战略规划的制订和讨论，了解企业的发展愿景、核心价值观以及关键业务领域。通过参与战略规划，HRBP可以更好地理解企业的战略目标，进而为人力资源策略的制订提供有力的指导。

其次，深入了解业务运营同样重要。业务运营是企业日常运作的核心，它涉及产品的开发、生产、销售以及客户服务等多个环节。

HRBP需要深入了解这些环节,理解企业如何创造价值、满足客户需求以及实现盈利。通过深入了解业务运营,HRBP可以更加准确地识别人力资源在业务运营中的角色和价值,进而为企业提供更加精准的人力资源解决方案。

3. **学习数据和信息分析,是系统方案制订的基石**

首先,学习数据分析和信息管理是提升HRBP能力的关键。数据分析能够帮助HRBP从海量数据中提取有价值的信息,识别问题的根源和关键因素。而信息管理则能够帮助HRBP有效地存储和组织这些数据和信息,确保它们能够被高效利用。为此,HRBP可以通过参加相关培训课程、阅读专业书籍或与行业内的专家进行交流学习等方式,学习数据分析和信息管理的相关知识。

其次,积极利用企业的数据资源也是非常重要的。企业需要收集和存储大量的数据,这些数据中隐藏着丰富的信息和洞见。例如,HRBP可以通过分析员工绩效数据,了解员工的表现和潜力;通过分析招聘数据,了解人才市场的趋势和变化。这些分析结果为HRBP制订解决方案提供了有力的支持。

再次,建立数据驱动的决策文化也是提升数据和信息处理能力的重要一环。HRBP需要倡导并推动企业在决策过程中注重数据和信息的使用。通过培训、沟通和示范等方式,HRBP可以帮助企业内部的员工认识到数据和信息的重要性,并培养他们的数据意识和数据分析能力。

4. **加强跨部门协作和沟通,是系统方案实施的关键**

首先,加强与其他部门的沟通和协作是HRBP的首要任务。HRBP需要主动与其他部门建立联系,了解他们的需求和期望。通过定期举行跨部门会议,与各部门代表共同讨论,共同制订实施方案,确保各部门在方案实施过程中的协同配合。

其次,建立良好的合作关系是提升团队协作效率和质量的基础。HRBP应鼓励各部门之间互相支持和互相学习。同时,HRBP还可以通过团队建设活动等方式,增进各部门之间的了解和信任,提高团队的凝聚力和协作能力。

再次,团队协作的细节和难点也是HRBP需要关注的问题。HRBP需要主动去了解这些问题,与相关部门一起寻找解决方案,确保方案能够顺利实施。

最后,定期评估和调整协作机制也是必不可少的。HRBP需要定期对团队协作的效果进行评估,发现存在的问题和不足,并及时进行调整和改进。同时,HRBP还需要关注团队协作的新趋势和最佳实践,不断优化协作机制,提高团队协作的效率和质量。

3.9.3 优异系统方案案例——关于提高员工绩效产出的系统性解决方案

一、背景描述

在当前全球经济形势复杂多变的背景下,我们公司面临着前所未有的市场竞争压力。尽管我们公司在业界有着良好的声誉和稳定的业务基础,但近期我们发现员工的绩效产出相对较差,这在一定程度上影响了公司的整体运营效率和业务发展。为了应对这一挑战,我们制订一套系统的解决方案,以提高员工的绩效水平,从而增强公司的竞争力和市场地位。

二、明确目标

为了解决上述问题,我们首先需要明确提高员工绩效的具体目标。这些目标应该具有可衡量性，例如提高整体绩效水平10%，减少低绩效员工比例等。

三、诊断问题

为了深入了解员工绩效不佳的原因，我们需要进行全面的诊断。可能的原因包括缺乏明确的工作目标、技能不足、动机不足、工作压力过大、人岗适配度问题、上级领导的管理缺失等。为此，我们可以进行员工满意度调查、一对一访谈、绩效数据分析等，以获取更全面的信息。

通过以上的访谈和分析，我们发现影响员工绩效表现最主要的原因是……

四、制订解决方案

针对诊断出的问题，我们制订具体的解决方案如下：

(一)设定明确的工作目标：与员工共同制订具体、可衡量的工作目标，并定期进行检查和调整。确保员工清楚自己的工作职责和期望成果。

(二)提供必要的培训和支持：针对员工技能不足的问题，提供必要的培训和支持。包括内部培训、外部培训、在线课程等。同时，鼓励员工自主学习和发展。

(三)建立激励机制：设立员工奖励计划，对表现优秀的员工给予物质和精神上的双重激励。确保员工的收入与贡献紧密关联，激发员工的工作积极性。

(四)优化工作流程和环境：简化工作流程，减少不必要的环节和烦琐的手续。同时，提供舒适的工作环境，确保员工能够在最佳状态下工作。

（五）定期反馈与沟通：建立定期反馈与沟通机制，及时了解员工的工作进展和困难。鼓励员工提出改进意见和建议，共同推动工作向前发展。

五、实施与监控

我们制订详细的实施计划，明确各项措施的执行步骤、时间节点和责任人。同时，建立监控机制，定期评估方案的执行情况和效果。通过数据分析和员工反馈，及时发现问题并进行调整。

六、持续改进

提高员工绩效是一个持续的过程。我们需要定期回顾和总结方案的实施效果，从中吸取经验教训。同时，根据企业发展和员工需求的变化，不断优化和完善方案。通过持续改进，确保我们能够持续提高员工的绩效水平。

七、总结

面对当前的市场竞争压力和员工绩效不佳的问题，我们制订了系统性的解决方案。通过明确目标、诊断问题、制订解决方案、实施与监控以及持续改进等步骤，我们有望提高员工的绩效水平，增强公司的竞争力和市场地位。

一个好的系统解决方案应该具备明确性、全面性、系统性、可操作性、数据驱动、可持续性、用户友好性、具备风险评估和沟通协作等特征。这些特征共同构成了一个有效的解决方案，能够帮助组织解决问题，提升组织绩效和竞争力。

附 录
HRBP 思维模型常用模板推荐

模板 1：基于产品思维的分析模板

序号	标 题	子标题	描 述
1	背景与挑战		
2	HRBP 的产品思维应用	深入的用户调研与需求分析	
		全面的市场分析与竞品研究	
		精心的项目设计与功能规划	
		敏捷的开发与持续的迭代优化	
		数据驱动的决策与成果评估	
3	成果与影响		

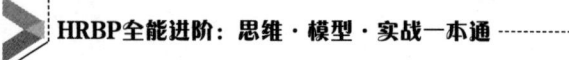

模板 2:基于系统思维的方案模板

序号	标题	子标题	描述
1	背景		
2	HRBP 的系统思维应用过程	整体分析	
		结构诊断	
		问题拆解	
		建立因果关系图	
		制订解决方案	
		实施与监控	
3	结果		

模板3:基于批判性思维的分析模板

序号	标题	子标题	描述
1	背景		
2	应用批判性思维的过程	详细收集并深入审查信息	
		精确识别关键问题	
		提出并验证假设	
		深入分析与全面评估	
		制订具体的改进计划	
		持续监控与适时调整	
3	结果		

模板 4:基于 GAPS 模型的分析模板

序号	标题	子标题	描述
1	背景介绍		
2	界定目标（goal）	业务目标	
		绩效目标	
3	分析现状（analyze）	业务现状	
		绩效现状	
4	探寻原因（problem）	外部因素	
		内部因素	
5	提出解决方案（solution）	职业发展	
6	实施和监控		
7	评估和调整		

模板5:基于IDAR模型的逆向分析模板

序号	IDAR模型逆向分析	子标题	描述
1	结果(R)分析	具体表现	
		初步评估	
2	行动(A)审查	执行情况	
		问题分析	
3	决策(D)反思	目标设定	
		策略选择	
4	洞察(I)深入挖掘	数据收集	
		员工反馈	
5	综合分析与解决方案	问题根源	
		解决方案	
6	结论与展望		

模板 6:基于 Input-Output 模型的方案模板

序号	标题		描述
1	背景介绍		
2	问题诊断与分析	输入(input)	
		输出(output)	
3	解决方案设计与推动落地		
4	结果评估与持续改进		

模板 7:基于 TOPIC 模型的方案模板

序号	TOPIC 模型应用	描　述
1	信任(trust)	
2	目标(objective)	
3	过程(process)	
4	投入(investment)	
5	沟通(communication)	
6	结果与影响	

模板8:基于KISS模型的复盘模板

序号	类别	描述
1	保持(keep)	
2	改进(improve)	
3	停止(stop)	
4	开始(start)	

模板9:基于 FIRST 模型的应用模板

序号	标题	描述
1	事实(fact)	
2	影响(impact)	
3	原因(reason)	
4	解决方案(solution)	
5	技巧或建议(tips)	
6	总结	

模板 10：基于 PREP 模型的应用模板

序号	标　题	内　容
1	背景	
2	明确观点（point）	
3	阐述原因（reason）	
4	举例说明（example）	
5	行动计划与再次强调观点（action plan & point）	

模板 11:基于 ORID 的方案模板

序号	标题	子标题	内 容
1	背景		
2	应用 ORID 模型		
2.1	O(看清事实)	数据收集与分析	
2.2		关键发现	
2.3	R(理解感受)	员工访谈与反馈	
2.4		情感分析	
2.5	I(挖掘意义)	问题根源分析	
2.6		影响评估	
2.7	D(决定行动)	制订领导力提升计划	
2.8		实施与跟进	
3	结果与影响		

模板12：基于数据分析的方案模板

序号	标题	内容
1	背景	
2	数据收集与整理	
3	识别潜在问题	
4	制订针对性措施	
5	总结	

模板13:项目管理方案模板

序号	标 题	内 容
1	项目背景与目标	
2	项目范围与详细内容	
3	项目时间计划(详细阶段划分与关键节点)	
4	项目资源计划(人员、设备、资金等)	
5	项目风险管理(识别、评估、应对)	
6	项目沟通与协作(会议、报告、信息共享等)	
7	项目评估与监控(指标、方法、工具等)	
8	项目总结与反馈(经验教训、改进建议等)	

模板 14:基于框架构建能力的项目方案模板

序号	标 题	具 体 内 容
1	背景描述	
2	明确目标	
3	诊断问题	
4	制订解决方案	
5	实施与监控	
6	持续改进	
7	总结	